à Monsieur L. Delisle
membre de l'Institut
Hommage très respectueux
L. Jarry

ÉGLISE DE NOTRE-DAME DE CLÉRY

LES SÉPULTURES

DE

MARIE D'HARCOURT

FEMME DU BATARD D'ORLÉANS

DE JEAN, LEUR FILS

ET DE

FRANÇOIS II ET LOUIS I, DUCS DE LONGUEVILLE, LEURS PETITS-FILS

TESTAMENT INÉDIT DE DUNOIS

ET AUTRES DOCUMENTS

Par L. JARRY

MEMBRE DE LA SOCIÉTÉ ARCHÉOLOGIQUE ET HISTORIQUE DE L'ORLÉANAIS
ET DE LA SOCIÉTÉ DE L'HISTOIRE DE FRANCE

ORLÉANS
H. HERLUISON, LIBRAIRE-ÉDITEUR
17, RUE JEANNE-D'ARC, 17

1888

LES SÉPULTURES

DES COMTES DE DUNOIS

DANS L'ÉGLISE DE NOTRE-DAME DE CLÉRY

(Extrait des Mémoires de la Société archéologique et historique de l'Orléanais.)

IMP. GEORGES JACOB, — ORLÉANS.

ÉGLISE DE NOTRE-DAME DE CLÉRY

LES SÉPULTURES

DE

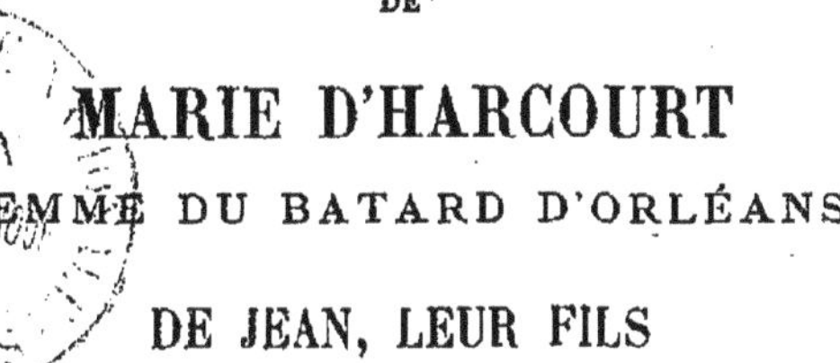

MARIE D'HARCOURT

FEMME DU BATARD D'ORLÉANS

DE JEAN, LEUR FILS

ET DE

FRANÇOIS II ET LOUIS I, DUCS DE LONGUEVILLE, LEURS PETITS-FILS

TESTAMENT INÉDIT DE DUNOIS

ET AUTRES DOCUMENTS

Par L. JARRY

MEMBRE DE LA SOCIÉTÉ ARCHÉOLOGIQUE ET HISTORIQUE DE L'ORLÉANAIS
ET DE LA SOCIÉTÉ DE L'HISTOIRE DE FRANCE

ORLÉANS

H. HERLUISON, LIBRAIRE-ÉDITEUR

17, RUE JEANNE-D'ARC, 17

1888

DÉCOUVERTE DES TOMBES

DE

MARIE D'HARCOURT, FEMME DU BATARD D'ORLÉANS

DE JEAN, LEUR FILS

ET DE

FRANÇOIS II ET LOUIS I, DUCS DE LONGUEVILLE, LEURS PETITS-FILS

DANS L'ÉGLISE DE NOTRE-DAME DE CLÉRY

TESTAMENT INÉDIT DE DUNOIS

ET AUTRES DOCUMENTS

I

LA CHAPELLE DE LONGUEVILLE.

Lorsqu'on pénètre dans l'antique collégiale de Notre-Dame de Cléry par la porte principale, celle de l'ouest, l'œil aperçoit successivement, dans la basse-nef méridionale, la chapelle Saint-Jacques ou de Pontbriant, ce bijou de la renaissance qu'une restauration intelligente, prise à temps et peu coûteuse, aurait préservé des dégradations, tristes présages d'une ruine prochaine; puis viennent la chapelle capitulaire, aujourd'hui sacristie des clercs, et la chapelle Saint-Jean-Baptiste, consacrée maintenant aux catéchismes.

Celle-ci s'appelle aussi chapelle de Longueville, parce

qu'elle renferme les tombes de Jean, bâtard d'Orléans, comte de Longueville, puis de Dunois, et de divers personnages de cette noble race. La suite de ce travail expliquera les motifs qui amenèrent pour quelque temps, en faveur de Cléry, l'abandon momentané de la chapelle des Célestins de Paris, sépulture habituelle de la famille d'Orléans.

La chapelle Saint-Jean s'ouvre, sur la basse-nef, par deux arcades que sépare un pilier, autrefois carré, du côté de la chapelle, comme l'indiquent les fondations et la partie engagée dans les combles; c'était peut-être un pilier extérieur de l'ancienne église. On lui a donné une forme angulaire, très saillante. A hauteur d'homme, sont sculptés dans la pierre deux anges tenant dans leurs bras un écusson. Celui qui regarde l'autel porte les armes du Bâtard; sur l'autre face est l'écu losangé de Marie d'Harcourt; tous les deux sont mutilés. Au-dessus, deux dais pyramidaux élèvent jusqu'à la voûte leurs délicates sculptures d'un relief peu accusé.

Ces arcades, séparées autrefois de la basse-nef par une grille en bois sculpté du style de la renaissance, sont bouchées actuellement par une cloison de briques et de plâtre où se dissimule le plus modestement possible une porte exiguë. A l'intérieur, un autel fort simple accosté de deux petits reliquaires cache, dit-on, un pan de mur peint et couvert d'un semis de fleurs de lis.

Au mur du midi, trois arcades avec fenêtres du style gothique flamboyant qui règne dans tout l'édifice. On remarque, dans le bas de celle qui est à droite de l'autel, une élégante arcature sculptée dont nous aurons à parler; dans celle du milieu, des pierres disposées en cintre, sans saillie, semblent indiquer une ancienne porte de décharge pour les matériaux.

CHAPELLE DE LONGUEVILLE, A NOTRE-DAME DE CLÉRY

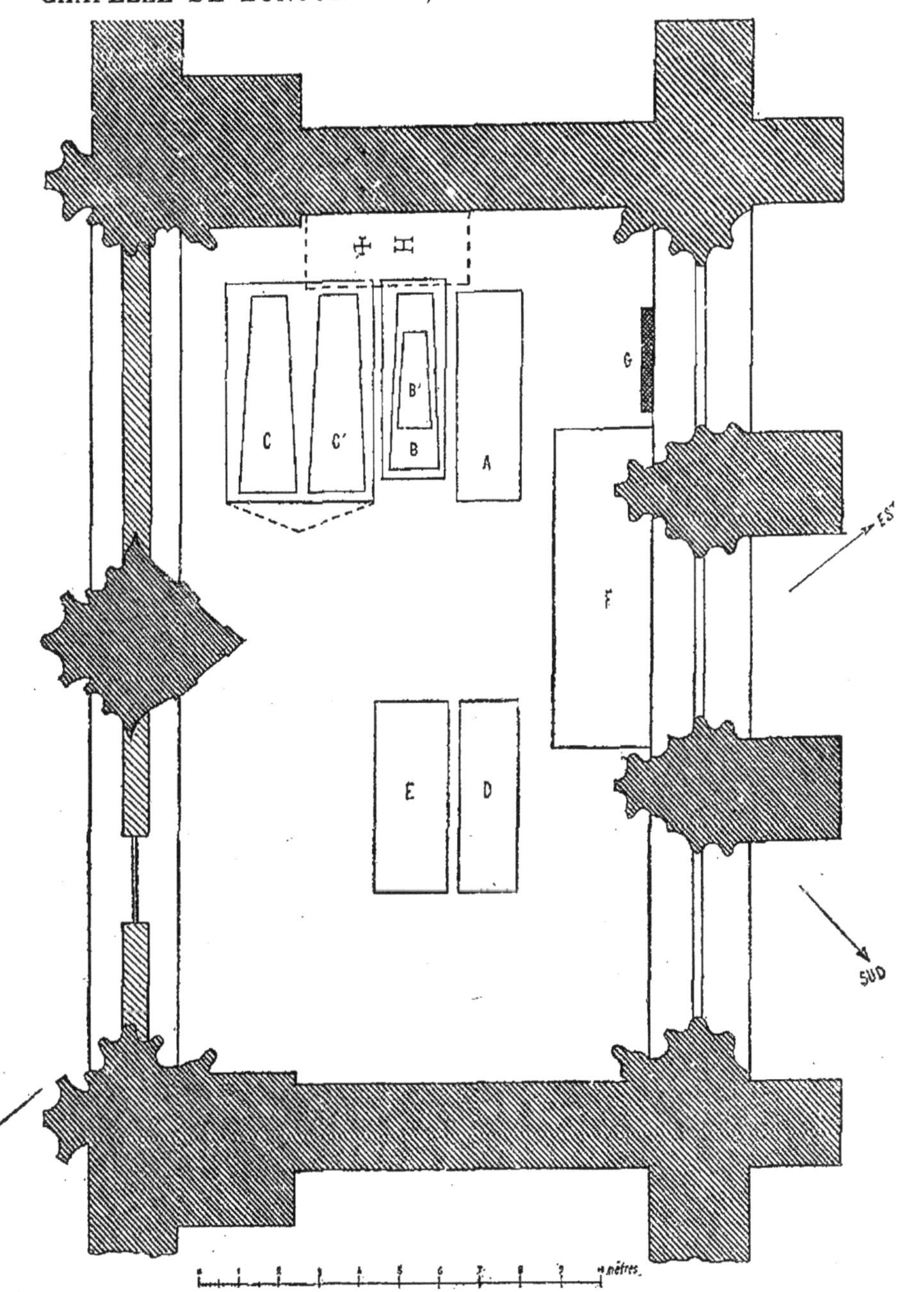

A Bâtard d'Orléans.
B Marie d'Harcourt. — B′ Jean.
C François II. — C′ Louis.
D François I.
E Agnès de Savoie.
F Personnages inconnus.
G Arcature sculptée.
H Autel.

La distribution en deux arcades d'une part et trois de l'autre résulte évidemment de l'annexion de la chapelle à l'ancienne église, restaurée avec quelques remaniements (1). Elle a nécessité la construction d'une voûte assez bizarre, et dont la disposition harmonieuse dans son irrégularité se présente assez rarement, croyons-nous, pour une surface rectangulaire. Cette surface est divisée en compartiments triangulaires par quatre arcs doubleaux en tiers-point. A la clé des voûtes partielles sont cinq blasons portant les armes de France et de Longueville et disposés suivant une ligne brisée (2).

Le sol, autrefois couvert de riches monuments funèbres, est revêtu de larges dalles. Ceux qui s'intéressent à l'histoire nationale comprendront le désir qu'on avait, après les vicissitudes supportées par l'église de Cléry, de savoir ce que la chapelle de Longueville pouvait encore recéler dans ses flancs (3).

En 1854, un arrêté du préfet du département du Loiret, daté du 25 novembre, confiait à la Société archéologique de l'Orléanais la mission de rechercher, dans l'église de Cléry, l'emplacement des restes de Dunois et de ceux des

(1) En 1471, le chapitre s'assemble « en la chapelle de Monsieur le conte de Dunoys ou lieu de leur chappitre qui démolly a esté pour la rédification d'icelle (église) ». — Minutes de Nicole Mourry, notaire à Cléry.

(2) Une disposition analogue est figurée à la page 50 du tome IX du *Dictionnaire de l'Architecture française*, etc., de Viollet-le-Duc.

(3) Pour l'intelligence de notre travail, nous avons fait reproduire les inscriptions d'Agnès de Savoie et de François II de Longueville. De plus, notre obligeant confrère, M. Fournier jeune, a bien voulu dessiner le plan de la chapelle de Longueville, d'après les études faites par M. L. Imbault pour les anciennes fouilles, et par M. l'abbé Dutertre à l'occasion des nouvelles.

membres de sa famille qu'on y avait inhumés (1). En 1887, une autre autorisation émanée du ministère de l'Instruction publique et des Beaux-Arts, et accordée, par décision du 5 mai, au maire de Cléry, vient de permettre de tenter au même endroit de nouvelles investigations, tant au point de vue purement historique que pour vérifier la solidité du monument et en assurer la conservation.

Préparé par de longues études à écrire, sur des bases assez larges, une histoire de Notre-Dame de Cléry, nous avons saisi avec empressement l'offre qui nous fut gracieusement faite d'assister à ces fouilles, où nous devions retrouver les traces de nos devanciers de la Société archéologique, et où nous avions quelque espoir de poursuivre de nouvelles découvertes.

On sait, en effet, que les travaux de 1854, commencés par une froide et courte journée de décembre, furent interrompus par la nuit qu'avança prématurément une terrible tempête; ils avaient amené la découverte des caveaux d'un fils du bâtard d'Orléans, François I, comte de Longueville, et d'Agnès de Savoie, sa femme, sœur de la reine Charlotte et par conséquent belle-sœur de Louis XI. On sait encore que M. Leclère, notre ancien collègue, alors secrétaire de la mairie de Cléry, découvrit le lendemain même les ossements de Dunois, dans un caveau central qu'on avait eu seulement le temps d'entr'ouvrir la veille.

Mais des ouvriers autrefois employés à ces travaux affirmaient qu'il existait dans la chapelle de Longueville des caveaux encore inexplorés et que, par un jour pratiqué

(1) Le procès-verbal de ces recherches, rédigé par M. Dupuis, est imprimé pp. 149-162 du tome II des *Bulletins*, et une notice de M. Pillon, insérée au tome IV des *Mémoires*, pp. 415-419.

dans la voûte. ils étaient certains d'avoir aperçu dans l'un d'eux un cercueil de plomb.

Ce fut là le point de départ de la nouvelle enquête, entreprise les 7 et 8 juin 1887, sous la direction de M. Dusserre, architecte et inspecteur des monuments historiques pour le département du Loiret, et de M. le marquis de Tristan, maire de Cléry ; en présence de MM. Saget, curé-doyen de Cléry, Dutertre et Fousset, vicaires ; Renard, adjoint, et Maillet, secrétaire de la mairie de Cléry, Duchâteau, docteur en médecine ; de MM. M. de la Rochcterie, vice-président de la Société archéologique et Buisson, capitaine attaché à la 9e division militaire, qu'un heureux hasard amenait en ce moment à Cléry ; et avec le concours actif de MM. Dumuys, notre excellent confrère, et Eug. Jarry, ancien élève de l'École des Chartes.

Nous allons présenter, aussi exactement que possible, le résultat des observations de tous, à propos des découvertes qui ont été faites.

Est-il besoin d'ajouter que, si nous avons pénétré dans des sépultures inexplorées, c'est avec le plus profond respect ? Le temps accomplit vite son œuvre ; les enveloppes les plus solides tombent en poussière, se désagrègent, s'entr'ouvrent par la décomposition organique, et permettent au regard de parcourir ces obscurités, qu'une dalle aussitôt abaissée replonge dans leurs ténèbres séculaires.

D'ailleurs, les rencontres avec la mort provoquent toujours une profonde émotion. Ici, notre trouble s'imprégna d'un sentiment de pieuse et patriotique gratitude. Tout nous parlait de Dunois, le plus fidèle compagnon de Jeanne d'Arc ! Et, si l'on peut dire que la Pucelle d'Orléans fut l'âme de la France, il faut ajouter que le Bâtard d'Orléans en était le bras, un bras qui, de Montargis et d'Orléans jusqu'à Formigny et Castillon, chassa l'Anglais du pays.

Pour manifester la volonté divine, l'humble bergère devait, après une apparition radieuse, sceller de son martyre le rachat de la patrie; mais il fallait qu'un fils de France, et Valentine le réclamait hautement comme tel (1), consacrât une longue vie de luttes guerrières et diplomatiques à l'affranchissement définitif du royaume.

C'est par ce concours, loyal et généreux des deux parts, que le peuple et la monarchie cimentèrent à nouveau, sur les champs de bataille, un accord désormais indissoluble. Les guerres civiles et religieuses n'en purent briser les liens puissants. Ils se relâchent parfois, sous les efforts d'ennemis communs; mais pour se resserrer avec une vigueur nouvelle lorsque, les malentendus s'étant dissipés, le bon sens et la vérité reprennent leurs droits.

Dans l'histoire de Cléry, Dunois joue un rôle capital et qui éclipse presque celui du fondateur de la collégiale. C'est lui qui fait connaître et aimer en haut lieu un pèlerinage déjà populaire, mais presque ignoré en dehors de la province. Seigneur de Beaugency, puis de Cléry, il attire sur le pieux sanctuaire, ruiné par Salisbury, l'attention et les bienfaits de Charles VII et du dauphin Louis, et prépare cette période glorieuse qui s'étendra de Louis XI à Louis XIV.

(1) « C'estoit grande pitié, dit Juvénal des Ursins à propos de la duchesse d'Orléans, d'ouïr avant sa mort ses regrets et complaintes. Et piteusement regrettoit ses enfans, et un bastard nommé Jean, lequel elle voyoit volontiers, en disant qu'il luy avoit esté emblé, et qu'il n'y avoit à peine des enfans qui fust si bien taillé de venger la mort de son père, qu'il estoit. »

II

FRANÇOIS II ET LOUIS I, DUCS DE LONGUEVILLE, PETITS-FILS DE DUNOIS.

Les dalles de la chapelle de Longueville, enlevées d'avance, avaient été déposées le long du mur de séparation contigu à la sacristie des clercs, à droite de la porte d'entrée.

Les premiers essais furent dirigés à gauche, le long d'une arcade du nord, entre le pilier et l'autel (1). Des sondages annoncèrent l'existence d'une voûte que le transport des terres mit à jour. Ceci vérifiait les assertions des anciens ouvriers convoqués de nouveau.

La voûte, percée avec précaution, découvre un caveau de 2m 65 de long sur 2 mètres de large. Les murs, élevés de 1m 15 au carré, sont complètement enduits de mortier. La voûte n'est pas plate, mais en forme de toit à deux pentes, dont chacune mesure 1m 20. L'élévation sous l'arête est de 1m 70.

Ce caveau présente une disposition singulière. Au lieu de dessiner un rectangle régulier, la clôture de la partie antérieure saillit en angle très ouvert au dehors, sorte d'éperon formé par la réunion de deux petits murs bâtis en simples moellons superposés sans art, et légèrement liés entre eux avec de la terre grasse ; on a rebouché aussi

(1) L'église de Cléry n'est pas exactement orientée et son chevet incline sensiblement vers le nord. Néanmoins, afin d'éviter des longueurs dans les descriptions, on ne se servira que des seuls points cardinaux, sans subdivisions.

grossièrement la partie inférieure du mur de droite qui touche à cet éperon.

Un instant nous avons cru que cette sépulture n'était pas intacte, pour la cause qui vient d'être indiquée, tandis que tout laisse supposer qu'elle avait été close à la fin de sa construction ; des croix rudimentaires furent tracées dans le mortier encore frais, qui a reçu au mur de droite l'empreinte bien visible d'une poignée de cercueil.

L'anomalie nous semble s'expliquer par la situation même du caveau, distant du mur nord d'un mètre et de 1m 65 seulement de l'arête du gros pilier. Il a d'abord été creusé et construit en forme carrée; mais les fondations et le soubassement du pilier, carrés aussi, gênaient l'entrée directe des cercueils dans le caveau. Pour obtenir l'entrée oblique qui existe, on a dû démolir le mur du chevet et le reconstruire dans la forme angulaire, peut-être pour l'introduction du premier cercueil, à coup sûr pour le second. Puis on a refermé de l'extérieur, en bouchant les joints des moellons avec de la terre grasse.

En effet, ce caveau, que nous croyons inexploré, contient deux cercueils de plomb, jadis recouverts de bois, reposant sur des chantiers de pierre assez élevés. Six barres de fer, larges de 5 centimètres, reliaient le tout.

Dans l'état actuel, la rouille a distendu ces puissantes armatures, le bois est désagrégé et consommé. Les corps, en s'affaissant, ont courbé le plomb le long de la pierre, tandis que la partie supérieure s'est dessoudée et paraît comme soulevée.

Des poignées sont encore fixées aux bandes du cercueil de gauche. Il mesure 1m 95. Là repose un squelette à la charpente solidement constituée. Il est étendu sur le dos, les bras serrés le long du corps, les avant-bras repliés et les mains ramenées l'une sur l'autre. La conservation est parfaite, mais les menus os sont près de tomber en poussière. Les pieds sont du côté de l'autel comme dans toutes les tombes de la chapelle. Sous le crâne, une longue chevelure d'un ton blond coloré ; les cheveux, encore brillants, reposent sur les débris d'un coussin bourré de laine ; tout autour, des plantes aromatiques et des fragments de cuir. Aux épaules et aux pieds, quatre petits pots intacts, en terre rouge commune, et remplis de charbons.

Une description anatomique détaillée nous a semblé superflue, attendu qu'une inscription largement et profondément gravée au fer rougi, sur le plomb, à droite et à la hauteur de la poitrine, donne toutes les indications suffisantes pour constater l'identité du personnage. Rédigée en sept lignes d'une écriture gothique très lisible, elle occupe une surface de 20 centimètres de large sur 8 centimètres de hauteur. Nous l'avons relevée en usant d'un procédé d'estampage communiqué par notre excellent confrère, M. Herluison :

L'AN 1512 LE 15 DE FEVRIER FRANCOYS D'ORLEANS PREMIER DUC
DE LONGUEVILLE CONTE DE DUGNOYS DE TANCARVILLE
DE MONGOMMERI SIGNEUR DE PARTENAY MONTEREUL BELLAY
ET DE PLUSIEURS AULTRES PLACES CONGNOYTABLE HEREDITAL DE
NORMANDIE GOUVERNEUR DE GUYENNE LIEUTENANT
GENERAL OUDIT PAIS ET GRANT CHAMBELLAN DE FRANCE TREPASSA
ET GIST LE CORPS CY DEDANS REQUIESCANT IN PACE.

Le mot : *d'Orléans* avait été omis par le graveur dans la première ligne, il l'a rétabli au-dessus ; la forme : *Dugnoys, congnoytable*, est singulière ; *hérédital* ne se dit plus, mais se comprend ; quant à la phrase liturgique : *Requiescant in pace,* au pluriel, même pour un

CHAPELLE DE LONGUEVILLE, A NOTRE-DAME DE CLÉRY

de leglise
Lan 1512 le 15 de feuvrier francoys premier duc
de longueville conte de dunoys de tancarville
de montgommery signe de partenay montreul bellay
et de plusieurs aultres places connestable hereditral de
normandie gouverneur de guyenne lieutenant
general en dit pais et grant chambellan de France trepassa
et gist le corps cy dessous requiescant in pace

Inscription funéraire de François II, comte de Dunois, premier duc de Longueville.
+ 15 février 1513 (n. st.).

seul individu, elle s'emploie encore aujourd'hui, comme au XVIe siècle.

François II d'Orléans, dont nous venons de lire l'épitaphe, est le fils aîné de François I et d'Agnès de Savoie, et le petit-fils du Bâtard d'Orléans (1). Il leur succéda dans une partie de leurs charges et de leurs terres. Il était né environ en 1481. Tout jeune encore, il accompagna Charles VIII à la conquête de Naples, et suivit Louis XII au voyage d'Italie en 1502. La terre de Longueville fut, en sa faveur, érigée en duché, par lettres-patentes données à Blois, en mai 1505 (2). Il commanda l'arrière-garde à la bataille d'Agnadel, puis fut le chef de l'armée royale mise sur pied pour aider Jean d'Albret, roi de Navarre, à recouvrer ses états. Ces détails, qui semblent exacts (3), sont empruntés au P. Anselme. Nous admettrons moins facilement que de La Roque, historien de la maison d'Harcourt (4), donne la date de 1513 au testament de François II, et celle de 1512 à sa mort; car il est probable que cet auteur comptait toutes les années d'après l'ancien style. François II mourut, en fait, le 15 février 1513 (n. st.), au retour de Guyenne, à Châteaudun. Ses entrailles furent déposées dans l'abbaye de la Madeleine de cette ville, et son cœur à la Sainte-

(1) *Histoire généalogique de la maison de France*, par le P. Anselme, t. I, p. 215.

(2) Ces lettres sont publiées à la p. 815 de l'*Histoire de Charles VII*, etc., par Denys Godefroy.

(3) Ils sont contredits, sur ce dernier point, par une note de l'édition du *Loyal Serviteur*, publiée par M. Roman pour la *Société de l'Histoire de France*. Il y est dit que le commandement de l'armée française en Navarre fut donné à Charles de Bourbon et à Louis I de Longueville, dont il sera parlé plus loin et qui était frère de François II. (P. 341, note 2.)

(4) Tome I, p. 753.

Chapelle du château. Quant à son corps, il fut transporté et inhumé le 28 février, à Cléry, avec une pompe que rehaussait encore la présence de François, duc de Valois, qui devint François Ier, roi de France. Il imitait en cela Louis XI, qui avait voulu assister aux obsèques de Dunois.

Ce premier duc de Longueville eut pour femme Françoise d'Alençon, qui lui avait donné deux enfants. On ne saurait s'étonner de ne point retrouver son épouse à côté de lui : remariée à Charles de Bourbon, comte puis duc de Vendôme, elle mourut longtemps après, en 1550, laissant, du second lit, de nombreux enfants. Antoine de Bourbon, l'un d'eux, fut le père de Henri IV (1).

Si ce n'est celui de sa femme, Françoise d'Alençon, quel est donc le corps que nous trouvons dans le même caveau, à droite de celui de François II? Il est aussi dans un cercueil de plomb, retrouvé dans le même état et avec les mêmes dispositions, sauf qu'il n'y a pas de petits pots funéraires et que les armatures sont accompagnées d'anneaux au lieu de poignées. Le cercueil a 1m 70 de long.

Le corps, à en juger par sa solide structure, est celui d'un homme dans la plénitude de la force, âgé d'environ trente ans, d'après l'examen des os et des dents. Les cheveux sont longs aussi, mais décolorés et à demi consommés.

Une inscription a été gravée sur le plomb qui couvre la partie gauche du corps ; elle est en deux lignes de caractères cursifs de l'époque de la renaissance. Tou-

(1) Une obligeante communication de M. le marquis de Rochambeau nous apprend qu'en effet Françoise d'Alençon fut inhumée, à côté de son second mari, dans l'église collégiale de Saint-Georges de Vendôme, chapelle du château et sépulture des comtes du même nom.

tefois, l'ouvrier a exécuté sa tâche à la hâte et sans soin; sa pointe inhabile n'a pas pénétré profondément et l'oxydation du plomb rend plus confuses encore ces faibles traces. De plus, une première ligne de l'épitaphe a été recouverte d'une lame de métal soudée dans la longueur du cercueil de plomb, après un accident arrivé probablement au moment même de l'inhumation.

Cette première ligne contenait sûrement le prénom du défunt, de sorte que l'inscription ne fournit pas tous les renseignements qu'on en pouvait attendre; nous croyons toutefois y avoir rencontré des indices suffisants pour établir l'identité du personnage. En effet, la seconde ligne, d'une lecture certaine après un peu d'étude, donne la date : *lannee MCCCCC et seze, le premier jour daoust.* — La troisième ligne présente seulement ce mot : *Longueville,* en beaux caractères du XVIe siècle, plus grands et mieux écrits que tout le reste de l'inscription. L'écusson d'Orléans-Longueville coupe le mot entre les lettres *n* et *g*.

La tombe renferme donc les restes d'un membre de la famille de Longueville, mort le 1er août 1516. Or cette date coïncide exactement avec le décès de Louis Ier d'Orléans, duc de Longueville, frère de François II, près duquel il repose et dont nous venons de parler. Le nom de Louis figure, d'ailleurs, avec la qualification de « derrenier déceddé » dans un document qui est de bien peu postérieur à son décès. C'est une procuration du chapitre de Cléry pour recevoir, après un certain arriéré, les sommes dues pour les services de François II et d'Agnès de Savoie sa mère, sur les ordres dudit Louis, et d'autres sommes dont l'une peut être regardée comme afférente à ses propres funérailles; ces dernières à payer par le duc de Vendôme, qui avait épousé en secondes noces, nous l'avons dit, la belle-sœur de Louis de Longueville (1).

Un autre document, à la date de 1586 (2), fournit la preuve que le chapitre de Cléry devait recevoir tous les ans 650 livres pour les fondations faites par Agnès de Savoie, François et Louis d'Orléans, ducs de Longueville.

Louis I de Longueville était comte souverain de Neufchâtel, comte de Dunois, de Tancarville et de Montgommery, prince de Châtellaillon, vicomte de Melun, d'Abbeville, de Montreuil-sur-Mer, seigneur de Montreuil-Bellay, de Parthenay, etc. Il était connu sous le nom de marquis de Rothelin, titre qu'il tenait de sa femme, Jeanne de Hochberg; mais sa nièce, Renée d'Orléans (3), étant morte à l'âge de sept ans, le 23 mai 1515 (4), il lui succéda dans ses biens et prit le titre de duc de Longueville. Il avait été chevalier de l'ordre du roi, grand chambellan de France, gouverneur de Provence, puis du Dauphiné, et capitaine de la première compagnie des cent gentilshommes de la maison du roi.

C'était aussi un vaillant chevalier. Il combattit avec son frère à la bataille d'Agnadel, en 1506. Pris par les Anglais en 1513, à la Journée des Éperons, en bonne compagnie, celle de Bayard, il fut conduit à Londres. Il employa le temps de sa captivité à négocier la paix et le mariage de

(1) *Pièce justificative X.* Dans ce rapport, nous avons suivi l'ordre de nos découvertes ; mais il nous a semblé plus rationnel de rétablir l'ordre des dates pour les pièces justificatives.

(2) Bibliothèque nationale. Titres originaux relatifs aux ducs d'Orléans.

(3) Son monument, provenant de la chapelle d'Orléans aux Célestins, est au Louvre.

(4) Elle était sur le point d'épouser le fils de Louis, Claude d'Orléans, qui devait mourir à Pavie en 1525 (*Histoire de la maison d'Harcourt*).

Louis XII avec Marie, sœur du roi d'Angleterre (1), alliance promptement brisée par la mort de l'époux.

L'un des vainqueurs de Marignan, Louis de Longueville se trouvait au mois de juillet 1516 à Beaugency ; il y mourut, rapporte un chroniqueur, « pour soy estre eschauffé à la chasse, ayant beu estant trop eschauffé, et mangé fruictz comme pommes » (2). Il avait eu le temps de faire son testament le 31 juillet à Beaugency (3), et son corps fut inhumé à Cléry : cela nous semble indiscutable. Aucun historien n'en dit mot. Le P. Anselme, qui passe aussi sous silence la présence dans la même église du cœur de Charles VIII, ne parle pas de cette inhumation, non plus que l'abbé Bordas, dans son *Histoire du Comté de Dunois,* ni le chanoine Hubert, dans l'*Histoire du Païs orléanais,* dont le manuscrit est à la Bibliothèque d'Orléans. Nos fouilles n'auraient-elles produit que ce résultat inattendu, nous aurions déjà lieu de nous déclarer satisfait.

Un compte des dépenses faites pour les obsèques de Louis I de Longueville est imprimé dans le ***Bulletin de la Société dunoise*** (4), d'après une pièce acquise pour les archives du département de la Seine-Inférieure. Rien n'y indique expressément le lieu où furent faites les funérailles ; mais, comme nous rencontrons dans ce compte la mention d'une robe de drap d'or et de housses de deuil pour seize chevaux, nous hésitons à penser qu'on ait dé-

(1) *Histoire du gentil seigneur de Bayart*, par le Loyal Serviteur, p. 368.

(2) *Journal d'un Bourgeois de Paris sous le règne de François Ier*, publié par la Société de l'Histoire de France, p. 41.

(3) P. Anselme. — Cf. *Minutes des notaires du comté de Dunois,* publiées par M. L. Merlet, p. 81.

(4) Tome V, page 54. — Cf. *Pièce justificative XI.*

ployé un semblable appareil seulement pour les entrailles ou le cœur du défunt, et nous estimons que ces chevaux servirent au transport du corps de Louis I de Longueville à Cléry.

Au dernier moment, d'ailleurs, nous trouvons une note qui ne laisse plus subsister aucun doute :

« Louys, duc de Longueville, marquis de Rothelin, par son testament fait au chasteau de Baugency, le dernier jour de juillet 1516, ordonna son corps être ensépulturé et inhumé en l'église de Nostre-Dame de Cléry en la chapelle en laquelle sont inhumés Messeigneurs ses prédécesseurs..... voulut estre fondé à perpétuité une messe basse qui seroit célébrée chacun jour en ladite église, et en ladite chapelle, les lundis de *requiem*, et les autres jours selon l'office du jour, à son intention, pour asseurer laquelle fondation il ordonna estre baillée au chapitre de Cléry la somme de mil livres pour estre emploiée en héritages (1). »

III

AGNÈS DE SAVOIE ET FRANÇOIS I, COMTE DE LONGUEVILLE.

Après avoir fait sceller la sépulture des deux frères François II et Louis I, ducs de Longueville, nous nous sommes dirigés au milieu de la chapelle, vers un autre caveau dont l'extrémité orientale se trouve à la distance de 75 centimètres d'une ligne passant par l'arête du pilier et dont le flanc nord est à 2m 05 d'une ligne perpendiculaire à la première et à l'arête du pilier, et parallèle au mur. C'est le caveau d'Agnès de Savoie, femme de François I,

(1) Bibliothèque d'Orléans, Ms. 433, p. 705.

de Longueville, fils du Bâtard, et sœur de Charlotte de Savoie, épouse de Louis XI, qui fut pareillement inhumée à Cléry. Le caveau avait déjà été visité, en 1854, par la commission de la Société archéologique, et nous renvoyons à la description qui en fut alors faite (1). Notre tâche se bornera donc à résumer brièvement certaines observations nouvelles et à présenter quelques documents inédits.

Suivant les instructions données à cette époque, le cercueil de plomb a été fermé, dans la partie qui s'entr'ouvrait, par une bande de zinc parfaitement soudée, et qui en garantira longtemps encore la solidité.

Nous avons relevé les estampages des épitaphes inscrites sur les deux côtés de la bière de plomb, malheureusement avec un papier peu fait pour ce genre de travail.

L'inscription à gauche du corps, disposée sur trois lignes, occupe une surface de 70 centimètres de large sur 17 centimètres de haut ; le corps des caractères mesure 2 centimètres de hauteur. Elle se lit parfaitement, presque au premier coup d'œil.

Cette inscription est en cursive très-maigre de la renaissance ; tandis que celle de François II, tracée quatre ans après, est encore de la gothique épaisse et presque pure ; on est donc bien à l'époque de transition des deux écritures :

CY GIST NOBLE DAME AGNES DE SAVOYE EN SON VIVANT
DUCHESSE DU DUNOYS QUI TRESPASSA A PARIS L'AN MIL V^{C} ET VIII (2)
LE XVIe JOUR DE MARS. REQUIESCAT IN PACE. AMEN.

En reproduisant cette inscription, observons que le texte n'est pas absolument identique à celui de nos prédécesseurs. Les divergences, reconnues au premier abord et

(1) *Bulletins*, t. II, p. 154.

(2) 1509, d'après le nouveau style ; Pâques était le 23 avril.

ÉGLISE DE NOTRE-DAME DE CLÉRY (LOIRET)

CHAPELLE DE LONGUEVILLE

Inscription funéraire d'Agnès de Savoie, femme de François I, comte de Dunois et de Longueville.
+ 16 mars 1509.

ÉGLISE DE NOTRE-DAME DE CLÉRY

LES SÉPULTURES

DE

MARIE D'HARCOURT

FEMME DU BATARD D'ORLÉANS

DE JEAN, LEUR FILS

ET DE

FRANÇOIS II ET LOUIS I, DUCS DE LONGUEVILLE, LEURS PETITS-FILS

TESTAMENT INÉDIT DE DUNOIS

ET AUTRES DOCUMENTS

Par L. JARRY

MEMBRE DE LA SOCIÉTÉ ARCHÉOLOGIQUE ET HISTORIQUE DE L'ORLÉANAIS
ET DE LA SOCIÉTÉ DE L'HISTOIRE DE FRANCE

ORLÉANS
H. HERLUISON, LIBRAIRE-ÉDITEUR
17, RUE JEANNE-D'ARC, 17

1888

Elle en fit expédier les lettres-patentes, le 25 juillet 1525. Ces lettres n'ayant point été enregistrées au Parlement, le Dunois n'a point vu ressortir les effets de son érection ». Voilà tout ce que dit l'abbé Bordas et nous n'en savons pas davantage. Cependant, c'est évidemment dans le but de s'en servir qu'on fit une collation de ces lettres ou de leur copie en 1619 et 1623 (1).

Quant à l'inscription gravée à la droite du corps, nous avouons sincèrement qu'il nous est impossible d'en rien tirer. Les caractères, négligemment tracés, ne produisent à l'estampage qu'un relief insignifiant et indistinct, et l'oxydation du plomb arrête presque partout la lecture. Notre conviction, d'ailleurs, est qu'il n'y a là qu'un essai; abandonné ensuite, et qu'il n'y a lieu de s'occuper que de l'inscription gravée à la gauche du corps.

Celle de droite commence en latin: *Hic jacet Agnes de S...* puis reprend en français : *Cy gys[t] Agnes de Savoye lan de grasse mil V^c^ et huit.* Cette date, terminée en lettres, sert à vérifier celle, toute en chiffres, qui est de l'autre part. Sous les mots : *Agnes de Savoye*, formés de plus grands caractères que le reste de l'inscription, on voit quelques traces de lettres en sens inverse, ce qui vient appuyer notre supposition.

Nous avons trouvé, dans les manuscrits de la Bibliothèque d'Orléans, deux copies, l'une du XVIIe siècle, l'autre du XVIIIe siècle, celle-ci de la main de Polluche, d'un acte passé sous le scel aux contrats de la prévôté de Melun, du 28 septembre 1505. Il relate un autre acte du 11 août précédent, par lequel Agnès de Savoie, pour la fondation et dotation d'une messe « par elle fondée en

(1) Elles sont imprimées aux pages 811-813 de l'*Histoire de Charles VII*, etc., par Denys GODEFROY.

une des chapelles de Nostre-Dame de Cléry, appelée la chapelle de Dunois, en laquelle sont inhumés, de bonne mémoire, Monseigneur le comte Jehan dudit Dunois, père de feu Monseigneur son mary et espoux, François d'Orléans, comte dudit Dunois, et où elle a intention soy faire semblablement inhumer », donne et cède au chapitre de Cléry 200 livres de rente annuelle achetées de Jacques de Thou, sur la baronnie de la Brosse, au comté de Chartres. Elle en fixe le rachat, par elle ou par ses héritiers, moyennant le paiement au chapitre d'un capital de 2,000 livres (1).

L'acte de 1586, analysé à l'article de Louis I de Longueville, atteste que ce rachat ne fut pas fait, puisqu'on payait encore une rente pour les fondations d'Agnès, de François et de Louis, ducs de Longueville.

A droite d'Agnès de Savoie est le caveau de son époux, François I de Longueville (2). On présume, du moins, à cause de sa situation, qu'il faut donner ce nom au corps qu'on y retrouva en 1854. Aucun signe, en effet, comme il fut alors constaté et comme nous l'avons vérifié nous-même, ne peut servir à son identification. La description du caveau, faite en 1854, est d'une exactitude complète et nous y renvoyons pour éviter des longueurs (3).

Nous avons fait sortir du caveau et longuement inspecté, un à un, tous les morceaux de plomb coudés en équerre au marteau, en forme de fers cornières, et qui avaient été cloués sur les joints de la bière de chêne, aujourd'hui consommée. A part quelques éraflures du marteau, nous n'avons retrouvé aucun signe d'écriture, même illisible.

(1) *Pièce justificative IX.*

(2) Leur contrat de mariage fut signé le 2 juillet 1466, en présence de Louis XI, à Montargis.

(3) *Bulletins*, t. II, pp. 151-153.

Les enseignements de l'histoire et l'affirmation d'Agnès de Savoie, sa veuve, nous suffisaient, d'ailleurs, pour croire à l'inhumation de François I, de Longueville, dans la chapelle de Dunois; mais nous avons plus. M. Eugène Jarry, ancien élève de l'École des Chartes, a découvert, à la Bibliothèque nationale, dans un manuscrit provenant de Gaignières (1), c'est-à-dire contemporain de la fin du XVIIe siècle, le dessin du tombeau et l'épitaphe du mari d'Agnès.

Une note au crayon indique parfaitement la place: « Cléry, dans la nef à droitte, au milieu de la chapelle de Longueville ». Ce monument, d'après l'échelle, avait 6 pieds 5 pouces de long et 4 pieds 2 pouces de large à la table supérieure formant corniche, et 2 pieds et demi de hauteur. Le corps du milieu des supports, composé d'une console renversée, est en pierre blanche; le socle et les moulures inférieures sont en marbre blanc, celles de la corniche et la table, en marbre noir. Sur les quatre faces du large glacis de la table est gravée l'inscription suivante, en lettres gothiques :

† CY GIST TRES NOBLE ET PUISSANT SEIGNEUR MONSEIGNEUR
FRANÇOIS D'ORLÉANS EN SON VIVANT CONTE DE DUNOYS DE LONGUEVILLE
TANCARVILLE MONTGOMERY-ET [GOUVERNEUR DE NOR]MANDIE GRANT
CHAMBELLANT DE FRANCE QUI TRESPASSA L'AN DE GRACE
MIL IIII[C] IIII[XX] ET UNZE LE JOUR DE SAINCTE KATHERINE (2)
ET AUPRÈS DE LUI REPOSE PUISSANTE ET HAULTE DAME
MADAME AGNES DE SAVOYE SA NOBLE ESPOUSE QUI TRESPASSA LE
(17e) JOUR DE MARS MIL CINQ CENS ET NEUF (3) PRIEZ DIEU
POUR LEURS AMES. AMEN. PATER NOSTER AVE MARIA
ET DICTES DE PROFUNDIS.

(1) *Histoire généalogique des ducs de Bourgogne, Orléans et Longueville*, Ms. fr. 20,077 (ancien Gaignières, 1325).

(2) 25 novembre.

(3) Le graveur, en remplissant cette date, a mis *neuf* pour *huit*,

Sur la table sont quatre dés de pierre destinés à recevoir la représentation de François et d'Agnès. Il faut déplorer la perte de cette œuvre d'art, probablement détruite par les huguenots; et dont le marché fut passé avec un *imagier* de Grenoble. Le bibliothécaire de cette ville l'a retrouvé *tout récemment*.

On s'explique maintenant pourquoi la bière de François I de Longueville, premier mourant, ne porte pas d'épitaphe, puisque la veuve préparait un monument à l'époux regretté; et pourquoi peut-être les inscriptions d'Agnès sont exécutées d'une manière si négligée, puisque le double monument, suivant un constant usage, portait aussi son épitaphe, où ne manquaient que les dates du jour et de l'an, ajoutées après l'inhumation du second décédé.

François I de Longueville, comte de Dunois, avait fondé dans l'église de Cléry une messe haute des défunts qui se disait tous les jours après celle de son royal beau-frère Louis XI.

Continuant à suivre les traces de nos devanciers, nous avons pénétré dans le long caveau parallèle au mur méridional. Il mesure 1m 40 de large sur une longueur de 4 mètres et s'étend de l'arcade centrale jusque sous le sanctuaire, où l'on est arrêté par un éboulement de terre. Ce caveau avait été jadis violé, puis rempli de fragments de sépultures, de décombres de toute sorte, mélangés d'ossements et de fragments provenant de plusieurs corps, sans qu'il soit possible d'en reconstituer un seul. Ces ossements ont été rangés sur la partie gauche.

On y distingue, au rapport de M. le docteur Duchâteau:

appliquant le nouveau style avant l'heure; et 17e jour de mars au lieu de 16e.

1° Un crâne entier moins l'os temporal gauche.

2° Les trois quarts de la base d'un crâne dont la voûte a été enlevée à l'aide d'une scie.

3° Un crâne présentant deux sections à peu près parallèles, pratiquées à la scie, dans le sens antéro-postérieur. La portion d'os représentant l'espace compris entre ces deux sections a été enlevée violemment par le choc d'un instrument.

4° Un crâne complet et présentant dans le sens de la suture fronto-pariétale droite et à la partie médiane de cette suture un enfoncement de la voûte du crâne, qui semble produit par le choc d'un instrument contondant. Cette lésion a eu lieu pendant la vie, attendu qu'un cal parfait donne la preuve qu'il y eut complète guérison de la blessure.

N'ayant aucun indice sur le nom des personnages inhumés dans ce caveau, nous nous abstiendrons de toute vaine conjecture.

IV

DUNOIS, MARIE D'HARCOURT, ET LEUR FILS JEAN.

Après nous être assurés, par plusieurs sondages, qu'il n'y avait pas de sépultures dans la partie basse de la chapelle Saint-Jean, le long des murailles du sud et de l'ouest, nous revenions devant l'autel, attirés vers le caveau que la commission de 1854 a reconnu pour celui de Dunois.

Ce n'est pas un sentiment de vaine curiosité qui nous portait à troubler, une seconde fois dans un si court espace de temps, le silence de la tombe où repose le héros qui consacra sa vie au service de la France. Toutefois, puisque nous étions résolus à nous rendre un compte exact et définitif de toutes les sépultures contenues dans la chapelle Saint-Jean, c'eût été une faute de négliger celle de son illustre fondateur.

Examiner si quelque indice ne permettait pas d'asseoir sur des bases plus solides encore le raisonnement de nos prédécesseurs, n'était-ce pas rendre hommage en même temps à leurs travaux, à leur instinct archéologique et à la mémoire respectée de Dunois? Les faits qui vont être exposés feront juger si nous avons été déçus dans nos espérances et si notre témérité n'est pas excusable.

Rappelons quelques phrases du rapport de 1854, confié à la plume élégante de notre regretté confrère, M. Dupuis :

« La position de ce caveau, de tous le plus rapproché de l'autel, placé au milieu du sanctuaire, dans la ligne et sous le regard, pour ainsi dire, de l'écusson de Dunois, sa construction plus soignée que celle des autres caveaux, laissent dans l'esprit de la commission la conviction qu'il avait été bâti pour le chef de la famille, et qu'il avait dû être celui de Dunois. »

Le patriotisme nous disposait à accepter d'emblée ces conclusions, bien qu'elles rentrent plutôt dans le domaine du sentiment que dans celui des déductions rigoureuses. Ce ne sont, à vrai dire, que des présomptions, graves peut-être ; nous cherchions des preuves, pour les soumettre à des esprits moins prévenus par l'accord et la solidarité qui règnent entre confrères.

Une dalle, gravée de la simple lettre D, et posée par les ordres de la Société archéologique, en 1854, ayant été soulevée, nous avons pu constater que les soins religieux dont on avait entouré les restes du Bâtard n'ont eu qu'une éphémère durée. Un nouveau cercueil, on se le rappelle, rassemblait ces ossements épars ; mais la dent du temps y marque déjà profondément son empreinte. La partie inférieure a cédé, laissant échapper les restes précieux du grand capitaine (1).

C'est avec l'œil le plus attentif que nous inspections l'intérieur du caveau pour nous rendre compte de la nature et de la disposition des matériaux. M. Dusserre, en homme du métier, nous fit observer que la paroi gauche du caveau est en pierre tendre de Bourré, tandis que les trois autres pans et un retour d'équerre de 25 centimètres, prolongeant à l'ouest cette paroi gauche, sont en pierre dure d'Apremont ou de Bulcy, ce qui est très reconnaissable sous la teinte noire dont ces matériaux non parés sont revêtus.

De ce que les pierres n'étaient pas d'origine identique, l'habile architecte concluait logiquement que ce caveau n'était pas le premier construit dans la chapelle. Nous savions d'ailleurs que, si Dunois et Marie d'Harcourt avaient élu, par testament, leur sépulture dans la chapelle Saint-Jean, la femme avait été inhumée la première, puisqu'elle était morte en 1464, quatre ans avant son époux.

Cherchons maintenant Marie d'Harcourt, disions-nous d'un commun accord. L'Évangile répond : « Cherchez et vous trouverez. » Mais où fallait-il chercher ? A la tête de Dunois ? C'était bien improbable. Là restait pourtant le plus grand espace de terrain inexploré, où l'on avait

(1) Nous renvoyons, pour la description du caveau et du corps de Dunois, au *Bulletin de la Société archéologique de l'Orléanais*, t. IV, pp. 155 et suiv. On y signale que le caveau est construit en pierre d'Apremont ; mais on néglige la paroi en pierre de Bourré, détail qui a une réelle importance et qui devait nous amener à la découverte du caveau de Marie d'Harcourt.

entassé les terres couvrant le sol au-dessus des tombes déjà connues. C'était une bande longue et étroite, entre le caveau de Dunois, ceux de François I et d'Agnès de Savoie, d'une part; et celui de François II et Louis, et le pilier, d'autre part.

Pour inhumer dans cette bande, il aurait fallu disposer le cercueil en travers, situation peu noble, admissible pourtant lorsque la place manque; tandis que Marie d'Harcourt avait inauguré, pour ainsi dire, la sépulture de la famille. Du reste, les décombres étant rejetés plus loin, des sondages et des fouilles prouvèrent que la terre était compacte, dans l'espace resté libre, et que nous avions fait fausse route; ce qui n'était pas pour nous surprendre.

Un autre avis fut exprimé : Agnès de Savoie est à gauche de François I, cherchons Marie d'Harcourt à gauche de Dunois. La paroi gauche, en pierre de Bourré, du tombeau de celui-ci, forme l'axe de la chapelle et peut-être la clôture, à droite, du caveau de Marie. Mais, à l'œil, l'espace semblait bien exigu entre le grand caveau de Louis II et François, et celui de Dunois; le mètre aussi nous décourageait presque, avec sa rigueur inflexible.

Toutefois, l'hésitation dura peu; la tombe de Dunois étant recouverte et le terrain déblayé, nous eûmes bientôt la satisfaction d'entendre le fer résonner sur la pierre. Une très épaisse dalle, que deux hommes eurent quelque peine à déplacer, recouvrait en effet une nouvelle excavation. M. de Tristan, maire de Cléry, réclama l'honneur, que plusieurs d'entre nous n'étaient pas en état de lui disputer, de se glisser le premier à travers l'étroite ouverture dégagée par les maçons.

Voici les constatations qui furent faites.

Le caveau, sur ses quatre faces, est construit en pierre

tendre de Bourré parée et enduite d'une couche noire, tandis que la voûte plate est formée de larges pierres restées blanches. Les mesures sont, en hauteur, 1m 35; en largeur, 80 centimètres; en longueur, 2m 18. Ce caveau est de quelques centimètres plus rapproché de l'autel que celui de Dunois, et comme ce dernier est plus long, puisqu'il a 2m 30, on s'explique parfaitement le retour en équerre de pierre d'Apremont, prolongeant la paroi de Bourré.

Il existe, dans le mur de gauche, deux ouvertures carrées, bouchées en moellon dur : l'une, près du sol, à l'angle occidental, occupe une largeur de 65 centimètres sur 45 centimètres de hauteur; l'autre, située près de l'angle oriental, à 80 centimètres du sol, mesure 60 centimètres d'élévation sur 45 centimètres de large. Toutes les deux, en retrait d'environ 10 centimètres du côté de Marie d'Harcourt, n'ont point été noircies, et ont laissé sur le terrain quelques éclats de pierre tendre. On reconnaît, à tous ces signes, que les ouvertures ont été pratiquées, dans un but qu'on ignore, par le caveau de François et Louis, puisque, de ce côté, le crépi est étendu régulièrement. C'est même là ce qui nous avait empêché d'y constater au premier abord, comme dans le tombeau de Dunois, la disparité des matériaux, sans quoi la lumière aurait jailli du rapprochement.

Le nouveau caveau semble n'avoir jamais été visité; du moins, rien n'y révèle une inquisition brutale comme dans celui de Dunois. A l'intérieur est une bière en plomb, en forme de toit à deux pentes. La partie supérieure seule a conservé la forme primitive; le milieu s'est affaissé et le plomb se trouve aplati au point de garnir presque toute la largeur du caveau. Il s'est fait une ouverture assez considérable au niveau des genoux et quelques autres moins grandes vers la tête. Des fragments de bois décomposé gisent à l'entour; point d'armature en métal, ni pots funéraires, ni inscription. Pas plus dans cette tombe que dans les autres, il n'a été rencontré d'objets pouvant offrir le moindre intérêt, pas même de fragments d'étoffe.

Sur le cercueil, et dans la partie médiane, se trouvent les débris d'une bière plus petite. Saisie par un violent contraste, l'imagination revoit l'intéressante sculpture du Musée de Bâle, où, sortant d'une tombe brisée, une jeune mère, pressant son enfant chéri dans ses bras, s'élance radieuse au jour de la résurrection. Ici la triste et froide réalité n'est aucunement dissimulée par une composition touchante, qu'embellit le prestige de l'art. L'apparition macabre est d'autant plus poignante que l'enveloppe en pierre tendre du caveau a déposé son humidité sur les ossements, revêtus d'une viscosité brune, désagréable au toucher. La grande bière a fléchi sous le poids de la petite, dont les ossements se sont inclinés en partie sur la droite; tandis que d'autres, comme le crâne, le maxillaire inférieur, un fémur, un tibia (1), se sont engagés entre la tombe et le mur de droite. Ceux-ci ont l'apparence solide; les autres sont plutôt à l'état spongieux.

Les constatations anatomiques ont été faites avec le plus grand soin par le docteur Duchâteau. Nous donnons seulement, à cette place, le résumé de ses conclusions (2).

A l'égard de l'enfant, le doute n'existe pas, il est mort vers l'âge de neuf ans. On doit garder plus de réserve pour le personnage sur lequel l'enfant est posé. Il ne peut être question, bien entendu, de préciser le sexe, après tant

(1) Il est long de 20 centimètres; celui de l'autre corps mesure exactement 40 centimètres.

(2) Le rapport de M. le docteur Duchâteau ayant une réelle importance, nous l'insérons tout entier. — Cf. *Pièce justificative VII.*

d'années écoulées; les cheveux mêmes ont disparu. Les observations établies d'après l'examen du squelette entier, de certains os et des dents, permettent d'affirmer que le sujet était un adulte vigoureux ayant atteint les limites de l'âge sans les avoir dépassées. Sur cette question qui lui fut posée : « Le personnage avait-il soixante ans? » le docteur répondit sans hésiter : « Non, plutôt cinquante-cinq. »

Rappelons, maintenant, que le caveau est, sur ses quatre faces, en pierre tendre de Bourré, et construit, par conséquent, avant le caveau de gauche, celui de François II et Louis I, et avant celui de Dunois, à droite, qui lui empruntent chacun un de ses murs en pierre tendre parée, tandis que ceux-ci sont en pierre dure ou en moellons; et aussi que le fils et la belle-fille de Dunois sont au pied de ce caveau, et deux petits-fils à gauche.

Remarquons-le encore, de tous les personnages de la famille de Longueville que nous savons enterrés dans cette chapelle, un seul nous manque, Marie d'Harcourt, femme de Dunois. Cependant les époux veulent, dans leur testament commun du 3 octobre 1463, être enterrés tous deux en l'église de Notre-Dame de Cléry et en la chapelle de Saint-Jean-Baptiste ; et ils se sont suivis de près dans la tombe, à quatre ans de distance. Qui donc aurait osé les séparer?

La question d'âge a bien son importance. On ignore l'année où naquit Marie d'Harcourt, mais son contrat de mariage fut signé au mois d'octobre 1429. En lui donnant l'âge moyen de vingt ans, à cette époque, elle aurait eu, le 1er septembre 1464, date de sa mort, cinquante-cinq ans, précisément l'âge fixé par le docteur Duchâteau. On sait, du reste, que Marie d'Harcourt était d'une taille élevée ; un peu d'embonpoint, amené par l'âge, n'avait pu altérer la beauté, la grâce même de son visage. On en voit la preuve dans le portrait authentique prêté, par M. le comte d'Harcourt, pour l'exécution d'une verrière posée par M. Ottin dans l'église de Cléry. Comme dans le portrait, le front est déprimé et court; la mâchoire inférieure, un peu lourde, est plutôt saillante. Au contraire, le front de Dunois est large, bien développé et de proportions tout à fait harmonieuses.

Est-il permis de croire que c'est Marie d'Harcourt qui est en place d'honneur, devant l'autel, à gauche de son époux, ainsi qu'Agnès de Savoie à la gauche du sien, et entourée de ses enfants et petits-enfants? Nous en sommes absolument convaincus. Comme Marie est morte avant Dunois, il fallut naturellement construire son caveau le premier; c'est pourquoi les matériaux en sont homogènes.

Toutes nos observations seraient ainsi confirmées, et nous ne voyons pas quelle objection on pourrait nous faire. Il n'y en a qu'une : la présence de ce corps d'enfant. Étudions cette question et citons d'abord, à ce sujet, une phrase de notre regretté collègue, M. Pillon (1) : « La tradition locale, les souvenirs de la collégiale et du registre de l'*Obit* de la paroisse, ajoutaient encore, au nombre des membres de la famille inhumée dans cette chapelle, un jeune enfant de Dunois. »

Ne nous occupons pas des enfants de Dunois morts après le XVe siècle, et qui sont tous postérieurs à François, le continuateur de la lignée. Le P. Anselme ne cite pas Jeanne, mais nous savons, par le testament de ses

(1) *Rapport sur des fouilles faites à Cléry qui ont amené la découverte des restes de Dunois.* (*Mémoires de la Société archéologique*, t. IV, p. 415.)

parents, qu'ils fondent, pour elle, des messes dans l'église de Vouvant (1), où elle est enterrée. Le savant auteur mentionne seulement un fils nommé Jean, et voici ce qu'il en dit : « Jean d'Orléans, à qui Charles, duc d'Orléans, son parrain, donna 10,000 écus sur le prix de l'acquisition de Château-Regnault, par acte, du 27 avril 1450, où il est nommé fils aîné du comte de Dunois. Il mourut sans avoir été marié. »

Or, ce *fils aîné* ne figure pas dans le testament paternel, à côté de Marie déshéritée, de Catherine et de François. Jean était donc mort avant 1463. Si le cadeau de *fillolage,* comme on disait au moyen âge, fut offert par Charles d'Orléans au moment du baptême, comme c'est probable, son âge ne semble pas s'éloigner sensiblement de celui que le rapport de M. Duchâteau assigne pour le squelette d'enfant.

Déposé d'abord dans le caveau, son cercueil aura été placé sur celui de sa mère, après l'inhumation de celle-ci.

Si nous avons fait pénétrer dans l'esprit de nos lecteurs la conviction qui anime le nôtre, ils concluront avec nous que l'on est bien en présence des sépultures de Dunois, de Marie d'Harcourt et de Jean, leur fils. Il nous semble que cette découverte complète heureusement celles opérées en 1854 par nos prédécesseurs, et que notre argumentation, jointe à la leur, appuyée par des documents inédits, entourée de circonstances nouvelles, constitue un faisceau de probabilités qui équivalent presque à la certitude, en l'absence de toute inscription funéraire.

L'absence même de ces inscriptions, loin d'être une

(1) D'après la copie de Polluche; celle de Gyvès donne : Mervant; c'est le nom d'une autre seigneurie du comte de Dunois. On lit la même chose dans l'extrait du testament qui est au manuscrit 1122 de Clairambault (Bibliothèque nationale).

arme propre à combattre notre système, paraît, au contraire, lui être favorable.

Avec les cercueils du Bâtard et de sa femme, celui de François I de Longueville est le seul qui ne porte pas d'épitaphe gravée sur le plomb. Mais si elle fait défaut sous terre, elle se trouvait au-dessus, à la table du monument qui vient d'être retrouvé. Ce cénotaphe porte même la double inscription de François et d'Agnès de Savoie.

N'en est-il pas ainsi pour Dunois et Marie d'Harcourt? On ne connaît rien, en ce qui les concerne; mais a-t-on bien cherché? Et n'y a-t-il pas, du moins, quelques indices? La réponse sera dictée d'abord par les termes exprès de leur testament. Après avoir ordonné l'inhumation de leurs corps dans leur chapelle de Saint-Jean-Baptiste, les nobles testateurs ajoutent : « Et dessus iceux mis deux tombes de cuivre ou albâtre qui n'ayent plus le pavement (1) que trois doigts et sur icelles soit écrit ce que par leurs exécuteurs sera dit advisé, et ordonné... »

Il n'était donc pas nécessaire de graver une inscription sur leurs cercueils, puisque les fondateurs de la chapelle devaient, selon toute vraisemblance, y être enterrés les premiers; et qu'ils prenaient le soin d'ordonner qu'on élèverait sur leurs sépultures un monument, pour lequel ils fixent même certains détails, chargeant de l'inscription les exécuteurs testamentaires. Cette prescription fut accomplie. Le premier historien de Cléry, notre regretté confrère M. A. Jacob, dit, en parlant de la chapelle Saint-Jean : « On y voyait autrefois leurs tombes recouvertes de lames de cuivre (2). »

(1) La copie seule de Polluche dit : *parement*.

(2) *Notice historique sur l'église de Notre-Dame de Cléry*. Or-

Nous pensons qu'il ne faut pas prendre ces mots absolument au pied de la lettre, et voici pourquoi. Les tombes se trouvant au bas et en face de l'autel, il était difficile de les recouvrir exactement d'un monument funèbre, même peu saillant, sans nuire considérablement au service du culte. Cette observation n'aura pas manqué de frapper l'esprit des exécuteurs testamentaires; il leur était possible, du reste, d'obéir a leur mandat d'une manière moins gênante, en disposant le monument à égale distance de l'autel, mais sur le côté. C'était même l'usage habituel de ranger les tombeaux le long des murs de l'église pour en dissimuler la nudité.

Or, que voit-on, du côté de l'épître, dans la première arcade de la muraille méridionale? « Des sculptures gothiques dont on ne s'explique plus la raison d'être, » écrit M. de Torquat (1). En y regardant de près, on s'explique parfaitement cette raison d'être. L'artiste a modelé avec très peu de relief une double arcade délicatement exécutée dans le style de la fin du XVe siècle, et présentant des détails d'architecture assez compliqués. Au sommet, deux frontons triangulaires à crochets s'appuient sur trois forts montants, qui devaient soutenir un dais en encorbellement dont on remarque très distinctement les amorces. Chaque arcade, réduction minuscule d'une des fenêtres de l'édifice, se termine, dans sa partie basse, par trois meneaux plus déliés, sur lesquels s'appuie une pierre qui conserve encore l'apparence d'un écusson, bien que toute cette partie basse ait été bûchée jusqu'au ras du mur assez récemment.

léans, Jacob l'aîné, 1823, in-16, p. 18. Le chanoine Hubert, dans son histoire manuscrite du *Païs orléanois*, donne le même renseignement.

(1) *Histoire de Cléry*, etc. Orléans, Alex. Jacob, in-16, p. 56.

Incontestablement, ce sont là les restes mutilés d'un tombeau. Sur ces pierres en forme d'écusson étaient scellées des armoiries de cuivre, et des plaques tumulaires, de cuivre aussi, devaient reposer sous ce dais. Nous disons des plaques de cuivre, parce que les motifs de sculpture sont trop légers pour accompagner des effigies en albâtre. Le testament de Dunois laissait d'ailleurs à ses exécuteurs le choix de la matière.

Une preuve morale que le monument de Dunois devait occuper la place que nous désignons, c'est que, au XVIe siècle, les spoliateurs ont bouleversé le caveau qui était dessous, et où nous avons trouvé pêle-mêle des ossements et quatre crânes ; ils ont aussi violé la tombe de Dunois qui était prochaine; mais le caveau de Marie d'Harcourt et celui de ses petits-fils, plus éloignés du monument, ont été respectés, de même que ceux de François I et d'Agnès de Savoie. Car Gaignières a pu faire dessiner sur place le soubassement du monument qui couvrait ces derniers ; il ne manquait que leur effigie.

Ces ruines furent accumulées en 1562, par les Huguenots, pendant la première guerre de religion. Théodore de Bèze, blâmant les excès commis à Cléry, avoue qu'il « ne fut pas pardonné aux sépultures de la maison de Dunois ». Suivant Mézeray : « Ils renversèrent le tombeau de Louis XI à Cléry, des princes de Longueville et de plusieurs autres grands seigneurs enterrés au même lieu. »

Les comptes de la ville d'Orléans, pour cette même année 1562, nous apprennent d'ailleurs qu'on avait converti l'église des Cordeliers (n° 1 actuel de la rue de la Bretonnerie) en arsenal, et qu'on y fondait des canons. Comme la « mitaille » manquait, des voitures de réquisition furent envoyées à Orléans d'abord, puis dans tous les environs et assez loin, pour amener à la fonte tout ce qui était susceptible de se transformer en canons. On alla jusqu'aux plus vulgaires instruments de cuisine; mais on avait commencé par les églises, qu'on dépouilla de leurs grilles, de leurs cloches, des monuments funèbres en métal qui faisaient leur ornement et la gloire de nos artistes fondeurs, célèbres à cette époque, les Bidou, les Duret, les Lescot.

Il serait curieux et triste à la fois de relever l'inventaire détaillé des richesses d'art disparues à cette époque. Pour sa part, Cléry eut à regretter les monuments de Louis XI et de la maison de Longueville, sans compter ceux dont la connaissance n'est pas parvenue jusqu'à nous. Nous n'en avons pas trouvé la preuve matérielle dans les comptes de ville d'Orléans; mais l'histoire ne varie pas, à cet égard. Nous sommes certains d'ailleurs qu'on étendit jusqu'à Cléry cette recherche des métaux, puisque nous avons trouvé, à la date du 24 juillet 1562, le certificat de payement d'une somme de 100 sous tournois à plusieurs personnes « pour abattre le grand treillis de fer du temple de Cléry (1) ».

Le corps de Marie d'Harcourt fut conduit à Cléry, et ses obsèques organisées là et à Châteaudun, avec le concours de Piètre André, peintre et huissier de salle du duc Charles d'Orléans, comme c'était l'usage à cette époque. Nous lisons sur une quittance de ses gages, datée du 10 septembre 1464 : « Pour ung autre voyage par lui fait pour aller conduire le corps de feue madame de Dunois, qui Dieu pardont, et pour ayder à faire l'obsèque d'icelle dame jusques à Cléry, et de Cléry à Chasteaudun, pour le

(1) Archives municipales d'Orléans. Pièces justificatives du compte de forteresse de J. Noël. (Artillerie, arsenal.)

fait dudit obsèque, ainsi que mondit seigneur lui avait commandé, où il vacqua quatre jours entiers (1). »

N'abandonnons pas la tombe de Marie d'Harcourt sans une dernière observation. Derrière la pierre dont le déplacement ouvre l'entrée du caveau, il s'en trouve une autre dont l'apparence singulière attira l'attention de notre confrère M. Dumuys. Lorsqu'il l'eut dégagée de son enveloppe de mortier, il découvrit que ce morceau de pierre de Bourré, long de 90 centimètres et large de 47 centimètres avec une épaisseur de 333 millimètres, était sculpté et portait des traces de dorure et de couleur bleue, rouge et violette.

Dans une gorge ayant 14 centimètres de développement sont disposés, sur deux lignes parallèles, des bouquets alternés de feuilles de chêne. La disposition oblique des rameaux, auxquels se rattachent ces feuilles, nous fait croire que ce fragment provient d'un jambage plutôt que d'une frise. Cependant un motif analogue se remarque à la corniche de l'église, sous la toiture. Un autre morceau absolument pareil fut récemment découvert sous le dallage de la sacristie. Nous estimons que ces sculptures faisaient partie de l'ancienne église détruite par Salisbury ; d'après elles, on peut juger avec quel soin fut construit par Philippe VI l'édifice projeté par Philippe-le-Bel.

Enfin, nous avons retrouvé une couche régulière d'enduit de plâtre à 70 centimètres au-dessous du dallage du sanctuaire de la chapelle. Cela confirme ce que l'on savait de la surélévation récente du sol de toute l'église ; une dalle, retrouvée à 43 centimètres au-dessous du niveau

(1) Bibliothèque nationale. (Cabinet des titres, dossier *André*), pièces publiées par M. Ul. Robert dans les *Nouvelles Archives de l'Art français*, année 1877, pp. 126 et 127.

du sol de la chapelle même, donne la mesure exacte de cette surélévation. Il en résulte que les bases des piliers manquent de proportion et d'harmonie, tandis qu'ils reprennent toute leur grâce, en les dégageant comme nous avons fait pour nous rendre compte de l'état primitif.

Nous avons rapporté quelles profanations la chapelle de Longueville eut à subir en 1562; elle n'en fut point exempte en 1793. La fabrique de Cléry vendit alors une certaine quantité de plomb provenant des cercueils. La chapelle de Longueville en fournit évidemment sa part, puisque, la même année, les ouvriers passent huit jours à « combler le caveau de la chapelle de Longeville et à la recarreler. »

Arrêtons ici cet exposé, très-détaillé, trop peut-être, des fouilles nouvellement exécutées dans la chapelle de Longueville, à Cléry. Des sondages opérés à l'entrée même de la chapelle n'ont rien produit; nous espérions pourtant y rencontrer la sépulture d'un autre petit-fils de Dunois, Jean d'Orléans, archevêque de Toulouse, évêque d'Orléans, cardinal de Longueville et seigneur de Beaugency, mort à Tarascon, le 24 septembre 1533, et dont on ignore le lieu d'inhumation (1). Peut-être était-il dans le grand caveau?

D'ailleurs, le sol de l'église de Cléry doit recéler encore bien des mystères, si les membres de la Société archéologique ont pu vérifier l'endroit où gisent les tombes de quelques-uns de ces morts illustres. Dans un siècle où l'on réglait à l'avance les plus petits détails des obsé-

(1) L'abbé Bordas dit qu'il fut enterré à La Cour-Dieu. Le cardinal n'avait pourtant pas de relations particulières avec cette abbaye, dont nous avons écrit l'histoire ; nous ne trouvons, du moins, rien qui vérifie l'assertion de cet écrivain et nous l'estimons mal fondée, jusqu'à plus ample informé.

ques, combien de personnages ont dû céder à la mode, qui règle toutes choses même les plus solennelles, et ont ordonné leur sépulture dans l'église reconstruite par Charles VII et Louis XI !

Ne citons que deux hommes de condition bien diverse. On ne pourrait dire où est le corps d'André de Villequier, mari complaisant et enrichi d'Antoinette de Maignelais, qui succédait à sa tante Agnès Sorel dans la faveur royale. Quelle place encore occupe le brave et loyal Tanneguy du Châtel, vicomte de la Bellière et grand écuyer de Charles VII ? On sait que ce neveu du fameux prévôt de Paris mourut pauvre. Il déclare, dans son testament, du 29 mai 1477 (1), qu'il veut être enterré « devant une image de Notre-Dame, sans pompe et comme appartient à un simple chevalier ».

Leurs tombes reposent pourtant à Cléry, nous en sommes certains.

V

LE VŒU DE DIEPPE ET CE QUE DUNOIS A FAIT POUR CLÉRY.

Ce serait une œuvre superflue que de tracer, à propos de Dunois, comme nous l'avons fait pour les autres personnages, un court essai biographique (2). On le trouve partout ; mais, ce qu'on ne rencontre imprimé nulle part, c'est le récit détaillé de l'existence de ce héros, digne

(1) Bibliothèque nationale, Ms. fr. 6980.

(2) Rappelons, à cette occasion, que le récit très-exact des funérailles de Dunois, extrait des *Mémoires de Guillaume Laisné*, prieur de Mondonville, est publié dans le tome Ier des *Mémoires de la Société archéologique d'Eure-et-Loir*, pp. 266-269.

pourtant de tenter la plume d'un historien. Les sources abondent et seraient fécondes en heureuses surprises.

Nous en étudierons seulement ici deux épisodes, importants certes pour l'histoire du Bâtard, et de premier ordre pour celle de Cléry ; ils se rattachent donc intimement à notre sujet. Ils concernent, d'une part, le siège de Dieppe et les fondations qui en sont la conséquence ; et, d'autre part, les testaments de Dunois.

On y trouvera les preuves positives de l'intérêt porté par le grand capitaine à la collégiale de Cléry. Elles suffisent pour que tout habitant de cette ville conserve respectueusement un pareil nom dans sa mémoire, si insouciant qu'il soit des choses du passé. Aux sceptiques répondant que Dunois n'aurait agi, dans ces circonstances, que par vanité pure, nous opposerons ses vertus publiques et privées, son courage, son désintéressement, sa piété, sa conduite envers sa patrie, envers son roi, envers sa famille.

Nous produirons à l'appui quelques documents curieux ou inédits et, entre autres, un acte signalé dans son testament et que nous avons eu la bonne fortune de découvrir. C'est le texte même de sa première fondation à Cléry. Cette pièce porte une date qui jette une grande lumière sur les faits que nous allons exposer ; et justifie, pensons-nous, les quelques mots dits, au commencement de ce travail, sur le rôle capital qui appartient à Dunois dans l'histoire de Cléry et que nous voudrions lui restituer.

Ce n'est pas à des Orléanais qu'il est nécessaire de vanter le hardi courage du Bâtard qu'on voit, en deux ans, préserver Montargis et Orléans du joug anglais. Ces deux brillants faits d'armes, accomplis dans sa jeunesse, suffiraient à la gloire de tout autre ; ils eurent pour effet immédiat de relever les courages abattus et d'inaugurer la période victorieuse de la guerre de Cent-Ans (1). Pour lui, c'était seulement le présage des succès futurs ; c'était le devoir accompli, en employant toutes ses forces à chasser l'Anglais du domaine de son frère aîné Charles, le prisonnier d'Azincourt.

Le duc Charles témoigna sa reconnaissance par le don de plusieurs seigneuries successivement détachées de ses fiefs et, chaque fois, d'une importance croissante : le comté de Porcien et le manoir de Champ-le-Roy, en 1427 ; celui de Périgord avec Romorantin et Millançay, en 1430 ; enfin le comté de Dunois et la vicomté de Châteaudun, avec quelques villes et seigneuries environnantes, par lettres données à Calais, le 22 juillet 1439. En outre, dans ses lettres confirmatives, datées de Blois, au mois d'août 1441, Charles permet à son frère d'asseoir sur le Dunois le douaire de Marie d'Harcourt. Il ajoute que ce don est fait en considération des services rendus par Jean d'Orléans et du dévoûment qu'il avait apporté à la conservation du domaine ducal « et en espécial à la résistance et deffense de nostre ville d'Orléans durant ce qu'elle fut assiégée des Anglois ». Il rend enfin hommage aux efforts tentés pour sa délivrance par Dunois.

C'est que le Bâtard, en effet, a mis en usage tous les moyens pour arracher ses deux frères à leur longue détention : sa fortune personnelle, son crédit, ses démarches auprès des rois de France et d'Angleterre, l'autorité légitime dont il jouissait auprès des grands capitaines anglais et la mansuétude dont il fit preuve envers ses propres pri-

(1) Le plus bel éloge, peut-être, du Bâtard d'Orléans, se lit dans le préambule des lettres d'érection du comté de Dunois en duché-pairie, lettres données par Louise de Savoie en 1525. (*Remarques sur l'histoire de Charles VII*, par Godefroy, p. 811.)

sonniers. Tout cela réuni finit par amener un résultat favorable pour les deux frères.

Les témoignages de gratitude de Jean, comte d'Angoulême, moins généreux, en apparence, parce qu'il était relativement pauvre, sont plus expressifs encore que ceux de Charles. Dans ses lettres de consentement à la donation du comté de Dunois sont insérés deux certificats où débordent l'affection et la reconnaissance.

Donnons ici le plus court (1) :

« Très chier et bien amé frère, je me recommande à vous ; vueillés savoir que aujourd'huy je suis eslargi par mon cousin de Suffolc ; et à présent suis à Louviers, sain et sauf, auquel lieu ay esté honorablement receu ; et à l'aide de Dieu je vous pense brièvement voir et vous remercier comme celuy qui a esté cause de ma délivrance. C'est ce que m'a asseuré mon cousin de Suffolc, lequel se recommande à vous. Escrit en hâte à Louviers, dernier jour de mars.

« Ainsi souscrit : Vostre frère le comte d'Angoulesme. Et au dos desdites lettres estoit ainsi escrit : A mon frère de Dunois. »

Il semble vraiment que ce bâtard se comportait bien avec sa famille et mérita, de bonne heure, des lettres de légitimation !

Charles VII, quoi qu'on ait dit de son ingratitude envers ses serviteurs, lutta de générosité avec les princes d'Or-

(1) Ils sont extraits tous les deux du manuscrit 433 (de Gyvès) de la Bibliothèque publique d'Orléans, p. 692 et suiv. ; le second est donné aux *Pièces justificatives II*. Ils ont été pris sur des copies qui provenaient du cabinet de M. de Lescornay, avocat au Parlement. Ces deux documents ont été publiés en 1876, p. 24-25 de la *Revue des documents historiques*, (nº 38), le premier d'après la collection Minoret, le second sur une copie de M. Rathery.

léans pour récompenser celui qui fut, pendant trente-six ans, lieutenant-général du royaume.

Sans rappeler les nombreux dons en argent et en seigneuries dont Charles VII combla son cousin, nous constaterons que, en dehors des termes affectueux qui ne sont peut-être que du style de chancellerie, le roi aime à parler avec une certaine effusion, dans le préambule de ses lettres-patentes, des services rendus par le bâtard *dès son jeune âge* et rappelle volontiers qu'ils furent *nourris* ensemble (1).

Ceci est d'autant plus exact que les deux cousins avaient le même âge (2), et que cette époque relâchée ne partageait point contre les naissances illégitimes les justes préventions des autres temps. Placé entre une mère insou-

(1) Voici les termes des lettres de confirmation du don du comté de Longueville, données à Jumièges le 16 janvier 1449 : « Pour considération des services que nostre très chier et amé cousin Jehan, bastard d'Orléans, comte de Dunois et grant chambellan de France, nous a faict tout son temps, tant entour nous où longuement il a esté nourri, comme au fait de nos guerres à l'encontre de nos anciens ennemis et adversaires en plusieurs armées et batailles, esquelles dès son jeune aage et que premièrement il s'est pu armer et porter harnois, il s'est toujours grandement, et en grande cure, soin et diligence, emploié de tout son pouvoir au recouvrement de nostre seigneurie... » — D'après la copie du manuscrit 433 de la Bibliothèque d'Orléans, p. 693.

(2) Autant du moins qu'on peut fixer l'époque de la naissance de celui qui fut Dunois, et que les uns font naître en 1402, d'autres en 1403. Une raison dont il est question quelques pages plus loin, nous inclinerait à préférer l'année 1403. C'est qu'un certain nombre de pièces de comptes prouvent que l'on fait en 1417 beaucoup de présents au Bâtard; et qu'on achète, pour lui, une quantité considérable de linge, de vêtements et d'objets de ménage; on montait sa maison. Or les princes, comme les rois, à cette époque, atteignaient leur majorité, à l'âge de quatorze ans. Charles vit le jour le 22 février 1403.

ciante et frivole et un père absorbé par les affaires de l'État, quand il ne retombait pas dans les accès d'une manie furieuse, Charles était presque abandonné aux soins d'une gouvernante, Jeanne du Mesnil, sortie d'une famille attachée à la maison d'Orléans. Les deux princes se livrèrent donc ensemble aux mêmes jeux, du moins jusqu'à leur dixième année, moment de la séparation.

Mais cette amitié d'enfance resserra étroitement entre eux les liens du sang; et quand ils se retrouvèrent, non plus joyeux compagnons, mais mûris avant l'âge par de dures épreuves, ils avaient tous les deux une rude tâche à remplir. Chacun fit son devoir; et jamais roi ne trouva serviteur plus dévoué, plus loyal, plus ennemi des coteries, chose rare à cette époque où les caractères les mieux trempés étaient soit entraînés malgré eux, si l'on se livrait au parti dominant, soit paralysés si l'on prétendait rester indépendant. Un seul instant, en 1440, au moment de la Praguerie, Dunois, égaré par de faux rapports, parut hésiter sur la route à suivre; un appel de son roi, un cri de sa conscience, le remirent dans le droit chemin.

Charles VII ne lui garda même pas rancune ; c'est qu'il avait autant de confiance dans sa prudence que dans son courage chevaleresque. Il en donna la meilleure preuve en le choisissant comme Mentor du Dauphin, à l'occasion de ses premières armes avec le titre de lieutenant-général des pays situés entre Seine et Somme. Louis, dans toute la fougue de sa jeunesse, brûlait d'aborder en vainqueur l'ennemi qu'il n'avait encore fait qu'entrevoir.

Leur première expédition fut celle de Dieppe. Talbot voulait à toute force prendre cette ville pour rétablir les affaires des Anglais compromises à la fois en Guyenne et en Normandie. Dans ce but, il transporta son quartier général devant Dieppe; et fit dresser au sommet de la falaise du Pollet une formidable bastille en bois, qu'il garnit d'une redoutable artillerie composée de deux cents canons. Puis il y mit une garnison de mille hommes éprouvés, qui tinrent la ville bloquée et ravagèrent tout le pays. Ce siège, commencé en novembre 1442, dura neuf mois.

Dunois, chargé d'abord de défendre Dieppe, fut remplacé au mois de mars par le vaillant capitaine de Janville, Thugdual de Kermoisen, dit le Bourgeois, seigneur du Puiset par son mariage. Celui-ci veilla au ravitaillement de la ville par des navires bretons, tint tout son monde en haleine et réussit à se maintenir, tout en réclamant du secours.

Enfin Charles VII résolut de frapper un grand coup. Par ses ordres, le dauphin accompagné de Dunois, du comte de Saint-Paul, du damoiseau de Commercy, de Gaucourt et autres vaillants chevaliers, conduisit devant la place assiégée 1,600 hommes bien résolus, le dimanche 11 août 1443. Kermoisen fut chargé d'entourer la bastille avec 300 de ses hommes, tandis que des paysans chargés de fascines comblaient le fossé ; d'autres habitants, des femmes même, rendaient divers services, apportant du vin et de l'eau pour rafraîchir les troupes, et donnant leurs soins aux blessés qu'ils transportaient dans la ville.

Pendant ce temps le Dauphin ordonnait de dresser avec des grues des ponts de bois montés sur roues et correspondant aux fermetures de la bastille. Après une forte canonnade, l'assaut fut donné le jeudi. D'abord les Anglais couvrirent leurs ennemis d'une masse de pierres et de traits ; en un instant, ils tuèrent une centaine de Français, un nombre triple de blessés était mis hors de combat. Surpris, les assaillants furent sur le point de reculer ; mais « pour la grant fiance qu'ils avaient à Dieu, à la glorieuse Vierge-Marie et à Monseigneur saint Denis... et parce que mondit Seigneur le Dauphin les enhardissoit et donnoit courage de poursuir leur entreprise et assailliir de bien en mieulx (1) », ils revinrent si vigoureusement à la charge que les Anglais, accablés à leur tour par les traits, cessèrent de se défendre. On entra de toutes parts. Trois cents Anglais avaient reçu la mort ; on en pendit quelques autres avec une soixantaine de « faux Français » et des marchands qui avaient amené les vivres. La bastille était prise et démolie, et Dieppe délivrée ; ce fut le signal de l'affranchissement de la Normandie.

Le chroniqueur Basin rapporte surtout à Dunois le succès de cette affaire : « *Laus tamen hujus facti principaliter illi nobili comiti Dunensi reddenda est, cujus sapientia, consilio et strenuitate, sicut alia plurima magnifice, ita hoc patratum et consummatum fuit.* » Chartier dit de son côté : « De laquelle victoire il (Louis) rendit grâce à Dieu, disant icelle estre venue de la vertu divine, et non pas de soy, et se rendit moult tenu à Dieu d'avoir eu si belle victoire et entreprinse à son joyeux commencement. » Wavrin ajoute que, après le combat, le Dauphin alla nu-pieds à l'église Saint-Jacques de Dieppe pour remercier Dieu.

Tel est, dans sa simplicité, le récit des chroniqueurs, et voilà le rôle important qu'ils attribuent à Dunois. Examinons maintenant comment ces faits sont interprétés par la légende, à l'avantage de Louis, et les conséquences qu'on en tire. Puis, les documents à la main, nous nous rendrons un compte exact de la réalité des choses.

(1) J. Chartier, *Chronique de Charles VII*, t. II, pp. 36-42. C'est l'auteur qui donne le plus de détails sur le fait de Dieppe, avec Bazin (le faux Amelgard), t. I, pp. 152-154, et Wavrin, t. I, pp. 331-334. — Cf. le Ms. fr. 6965, p. 100.

L'historien de la maison d'Harcourt (1) dit : « Après cette victoire obtenue par le Dauphin, depuis roi Louis XI, qui fut le commencement de la réduction de Normandie, il fut sollicité par le comte de Dunois (qui luy remonstra que cet ouvrage n'estoit pas des hommes et de l'humaine portée) d'aller à Nostre-Dame de Cléry rendre action de grâces, et d'y faire jetter les fondements d'une église où Jean d'Orléans fist bastir une chapelle, et ce fut là le commencement de la dévotion qu'eut Louis XI à Notre-Dame de Cléry. »

Notre historien orléanais, Symphorien Guyon (2), fournit déjà plus de détails : « Il fut adverti par Jean, comte de Dunois, de recourir à Dieu et à Nostre-Dame de Cléri, car se faisant montrer le quartier où estoit l'église de Cléri, et se tournant du costé où estoit cette église, il voua à Dieu qu'il donneroit audit lieu son pesant d'argent, s'il plaisoit à la divine Majesté lui donner bon succès de son entreprise et de faire cet assaut sans danger. Le vœu fait, la place fut attaquée et emportée... »

Enfin, un chanoine de Cléry, nommé Médon, qui écrivait, en 1670, un court essai historique sur cette collégiale (3), précise encore davantage. « Le Dauphin fut, dit-il, adverty par Jean d'Orléans, chef de son armée, qu'il se mettoit en danger de perdre tout son ost, estant à descouvert et les ennemis bien retranchez, munis et fortifiez.

« Adonc ledit seigneur Dauphin, se trouvant en grande

(1) G. A. DE LA ROQUE (1662, in-fol., I, 719).

(2) P. 299. Nous ferons observer que Guyon se trompe en disant : « Il assiégea la ville de Dieppe, tenue par les Anglais. » C'est absolument le contraire.

(3) Ce manuscrit, de quelques pages seulement, est dans le fonds du chapitre de Cléry, aux Archives départementales du Loiret.

consternation d'esprit et destitué de forces humaines, eut recours aux célestes; demanda audict seigneur Jean, comte de Dunois : « Mon cousin, de quel costé est Nostre- « Dame de Cléry? », et luy ayant esté montré, se prosterna à deux genoux et fit vœu à la Sainte-Vierge, sy elle luy faisoit la grâce de repousser ses ennemis, il feroit bastir l'église sur le dessein de Philippe-le-Bel, son prédécesseur, l'amplifieroit de grands honneurs en faveur et contemplation de la Saincte-Vierge qui y estoit réclamée.

« Sa prière faicte, donna l'assault à la citadelle et l'emporta avec une déroutte toutte miraculeuse et expulsion des ennemis sans faire perte des siens, ce qui n'estoit pas à proprement parler imaginable, veu la situation du lieu et force des ennemys, occasion que ledit seigneur Jean d'Orléans, comte de Dunois, dit que c'estoit œuvre de Dieu et non des hommes et que Sa Majesté avoit grand subject de rendres grâces à Dieu et à la Sainte-Vierge, pourquoy il depescha ung hérault à Cléry pour luy en rendre grâces ; et peu après y envoya son pesant d'argent pour commencement des nouveaux fondemens de la grande église. »

A force de vouloir trop préciser, on devient forcément inexact; mais, si le bon chanoine a brodé son canevas de quelques accessoires contestables, le fond du récit n'en est pas moins vraisemblable et conforme aux chroniques.

Les vœux, si fréquents aux siècles précédents, tendaient à se ralentir, on y recourait cependant encore dans les circonstances solennelles; et ils étaient ici en situation, et en rapport avec les habitudes pieuses de nos personnages.

Charles VII, d'après son consciencieux historien, M. de Beaucourt, était et resta profondément religieux, malgré les débordements qui ternirent la seconde partie de son existence. Il avait une dévotion toute particulière à la

Vierge, comme en témoigne suffisamment le relevé de ses dons et aumônes (1).

Ces principes, qu'il tenait des traditions de sa race, étaient partagés par son cousin, Jean d'Orléans, élevé près de lui, et nous ne sommes pas étonné de voir que le Bâtard, lorsqu'on lui constitua sa maison, en 1417, reçut de son frère le duc Charles, parmi ses premiers présents, un manuscrit « d'unes heures de Nostre-Dame à l'usaige de Paris, vigiles des mors et autres suffraiges (2) », de même que, vers la fin de sa vie, il accepta la dignité de chanoine de Saint-Martin de Tours (3).

Louis XI reçut évidemment la même éducation ; et les faits prouvent qu'en lui les germes religieux ne furent étouffés ni par les calculs de l'ambition, ni par les excès auxquels le portait un caractère naturellement ombrageux et défiant. Ces germes même furent extrêmement développés par le concours de certains épisodes de sa jeunesse, où l'invocation de la Vierge le protégea d'une manière providentielle.

Une année avant les événements de Dieppe, le dauphin Louis quittait Ruffec, pour aller rejoindre son père à la journée de Tartas. Il se mit avec son oncle Charles, comte du Maine et Louis de Valory, sur la rivière, en une *santine* qui tourna et fut submergée par un moulin. Heureusement « le moulin estoit arresté et ne mouloit point, pour l'honneur du saint vendredy » Le dauphin tombe à l'eau la tête la première ; « et lors, raconte-t-il, en ayant très singulière remambrance et réclamant très dévotement l'aide et secours d'icelle Vierge intémérée,

(1) *Revue des Questions historiques*, t. IX.

(2) *Pièce justificative I.*

(3) *Antiquitez de la ville d'Orléans*, de F. Le Maire. Orléans, 1645, in-4°, p. 327.

nous vouasmes à elle et à son église au lieu de Béhuart, et incontinent nous trouvasmes tout envers sur ladite eau, les pieds premiers, laquelle de sa force et impétuosité nous jeta sur le milieu d'une petite grève (1) ».

Ceci se passait le vendredi saint de l'année 1442; Dunois était alors à Ruffec. Le fait de Dieppe arrive le 15 août 1443, le jour même de l'Assomption; il n'est pas nécessaire de rappeler que Dunois encore était présent. Mais il est utile de dire qu'à ce moment même Jean d'Harcourt, archevêque de Narbonne et beau-frère de Dunois, venait d'acquérir Beaugency du duc d'Orléans, revenu de sa captivité, bien pauvre, dans ses domaines épuisés, et sur le point de contracter des engagements pour délivrer à son tour Jean d'Angoulême (2).

Le 15 juillet, un mois avant Dieppe, les procureurs de l'archevêque prirent possession de Beaugency; et, dans l'acte qui en fut dressé, il est expressément déclaré que le pouvoir et gouvernement des château, ville et seigneurie de Beaugency sont donnés à « Monsieur et à Madame de Dunois » et que la justice sera rendue en leur nom, avec le droit de commettre des officiers, ainsi que pourrait faire mondit seigneur l'archevêque (3).

Est-il difficile de se figurer Dunois et son royal pupille devisant sous la tente, pendant les jours qui précédèrent l'assaut de la bastille de Dieppe, échangeant leurs pensées sur les hasards de la vie et les chances de la guerre? Est-il étrange de supposer que le vaillant capitaine raconta quel-

(1) Lettres en faveur de l'église de Béhuart, au Plessis-du-Parc, dernier avril 1483. Biblioth. nation., Ms. fr. 6065 (LEGRAND, I).

(2) DOINEL, Préface de l'*Inventaire des Archives départementales du Loiret*, t. I.

(3) Registre de Jacques Barilleau, notaire à Beaugency, obligeamment communiqué par M. Denizet, alors titulaire de la même étude.

ques-unes de ses hardies chevauchées et que le jeune prince lui rappela son émouvant accident de Ruffec et le vœu à Notre-Dame-de-Béhuart ? Entend-on le co-seigneur de Beaugency répondre qu'à deux pas de ses nouveaux domaines se trouve une statue miraculeuse de la Vierge, invoquée sous le nom de Notre-Dame de Cléry, et dont il a vu maintes fois le sanctuaire, démoli par l'Anglais détesté ?

Puis arrivent l'assaut, la résistance meurtrière de l'ennemi et, dans un grand danger, le vœu auquel est resté le nom de Vœu de Dieppe.

Après le succès, la reconnaissance. Charles VII donne à Dunois le comté de Longueville, en septembre 1443 (1). Le dauphin fait expédier de Senlis, le 5 octobre, des lettres où il chante sa victoire et reconnaît, sur un ton beaucoup plus modeste, les services rendus par le Bâtard dans cette circonstance. Il exempte, la vie durant de Dunois, sa terre de Valbonnais de toute aide d'argent qui sera imposée par les États du Dauphiné (2).

Quant au Vœu de Dieppe, il n'en est pas question, pour le moment du moins. Nous ne trouvons aucune trace de son accomplissement immédiat par le dauphin LouisXI dans la collection Legrand (3), ni dans ses comptes, ou dans sa correspondance qu'on vient de publier. Son premier don à Cléry date de l'année 1456 (4) ; nous y reviendrons.

(1) *Remarques sur l'Histoire de Charles VII*, de Godefroy, p. 814. Les considérants sont des plus louangeurs pour le comte de Dunois.

(2) *Pièce justificative III.*

(3) *Histoire de Louis XI* et *Pièces justificatives*. Bibliothèque nationale, fond fr., Mss. 6960 à 6990.

(4) *Idem*, Ms. fr. 6967, fol. 94.

Comment donc expliquer ce long silence? Ce n'est pas l'oubli, ce défaut si naturel aux jeunes gens ; Louis avait vingt ans et les goûts de son âge, mais il eut toujours bonne mémoire. Il est vrai que, peu satisfait de l'accueil qu'on lui faisait à la cour de Charles VII, il voulut se créer une autre cour en Dauphiné, dans la province où il déployait ses qualités de grand administrateur. Après quelques vaines tentatives de rapprochement avec son père, il se confina de plus en plus dans ce lointain domaine et n'en sortit plus guère que pour conspirer avec ses voisins de Bourgogne et de Savoie, et pour contracter mariage dans ce dernier pays, au mépris de la volonté paternelle.

En présence de cette nouvelle situation que créent au dauphin son éloignement de la cour et de la France et sa retraite en Dauphiné, volontaire et persistante jusqu'à la mort de son père, comment expliquer ce qu'ajoute Symphorien Guyon (1) : « Le dauphin, ayant esté ainsi exaucé et secouru du ciel, s'en vint à Cléri remercier Dieu et la Vierge sacrée, paya son vœu, des deniers duquel furent commencez les fondements de l'église de Cléri, laquelle fut en peu de temps parachevée par le soin et libéralité de ce prince, qui épargnoit de son ordinaire pour achever cette basilique. »

Le chanoine Médon dit aussi : « Et ensuitte y vint en personne ; où, après ses humbles prières et supplications à la Sainte-Vierge, fit construire l'église en très belle architecture ; et y séjourna longtemps prenant son contentement à voir travailler les ouvriers. »

Et tout cela, sans date, entre le Vœu de Dieppe et la mort de Charles VII ! Nos historiens franchissent vraiment bien rapidement, et en les reliant trop étroitement l'une à

(1) Page 299.

l'autre, ces trois étapes : la ruine de l'église par Salisbury, le vœu de Dieppe et la reconstruction par Louis XI ; sans préciser que la participation directe et assidue de ce prince aux travaux de Cléry ne peut être que postérieure à son couronnement, puisqu'on n'en rencontre aucune trace immédiatement après le vœu.

Ce qui permet de comprendre et d'excuser l'erreur et les omissions de ces historiens, c'est la rareté des documents sur l'histoire de Cléry pendant le règne de Charles VII. Ils n'en sont pas moins instructifs, et suppléent ainsi aux lacunes des chroniques et des légendes. C'est par l'analyse sommaire de ceux que nous avons retrouvés que va se terminer notre travail.

Dunois revenait souvent dans l'Orléanais, pour se reposer de ses pénibles et glorieuses campagnes et pour administrer son comté de Dunois et la châtellenie de Beaugency. Proche voisin de Cléry, il n'eut garde d'oublier le vœu de Dieppe. C'est pourquoi, un an après la délivrance de cette ville, le 13 octobre 1444, nous voyons messire Jean, bâtard d'Orléans, et dame Marie d'Harcourt, sa femme, « pour le remède et le salut de leurs âmes et pour le très grant amour et affection qu'ilz ont à l'église de Notre-Dame de Cléry », faire en sa faveur leur première fondation (1) qui est, nous l'avons dit, rappelée dans leur testament. Par cette fondation, ils donnent au chapitre à perpétuité une rente annuelle de quarante livres tournois, à percevoir aux termes des Nativités de Notre-Seigneur et de saint Jean-Baptiste sur les premiers deniers provenant des recettes d'une terre récemment acquise près de Fréteval. De son côté, le chapitre s'enga-

(1) Registre de Berthaut de Berry, ancienne étude H. Denizet. *Pièce justificative IV.*

geait à dire tous les jours, immédiatement après Matines, une messe basse de Notre-Dame, durant la vie du comte et de la comtesse, qui deviendra une messe des Trépassés après la mort du premier décédé, mais la messe du samedi restera toujours une messe de Notre-Dame.

Nous regrettons que l'artiste qui a si habilement reproduit le vœu de Dieppe sur l'une des verrières de Cléry n'ait pas connu ce document. Il aurait certainement agenouillé le Bâtard à côté du dauphin, au lieu de le peindre debout, dans une fière attitude et paraissant plutôt diriger l'assaut que montrer de quel côté de l'horizon se trouve Cléry. Certes, la démarche pieuse du dauphin était trop conforme aux propres sentiments de Dunois pour ne pas toucher son cœur, sous son harnois de fer; et la communauté du danger dut faire également monter à ses lèvres une ardente prière.

Il n'est pas nécessaire, croyons-nous, d'insister maintenant sur le rapprochement de ces deux dates, 1443 et 1444, le vœu de Dieppe et la fondation de Dunois ; il se fait de lui-même. En reconnaissance de la protection de la Vierge, le grand nom du Bâtard va s'étendre sur la pauvre collégiale et lui procurer des secours pour réparer ses ruines ; c'est par lui que l'humble pèlerinage orléanais, bientôt connu de la cour, sortira de son obscurité pour entrer en pleine lumière. On remarque en effet, avec un certain étonnement, quelle réserve semble affecter vis-à-vis de Cléry, le duc Charles d'Orléans, suzerain et frère du Bâtard, au moment où il prodigue ses largesses pour la réparation des nombreuses églises de son apanage victimes de la guerre anglaise.

Les bienfaits de Dunois envers le chapitre de Cléry ne se bornent certainement pas à cette fondation. Rapproché du roi par ses fonctions de lieutenant général et de grand chambellan, plus encore par les liens du sang et l'amitié d'enfance, par la confiance et l'estime, il ne se pouvait choisir meilleur avocat pour une aussi bonne cause que la reconstruction de Cléry. D'ailleurs, Charles VII, « le plus noble chrestien de tous les chrestiens et qui mieux ayme la foy et l'église » selon les belles paroles de Jeanne d'Arc, Charles avait, nous le répétons, un culte particulier pour la Vierge. Il préféra ne pas assiéger Chartres que de livrer au pillage et à la dévastation le sanctuaire de *Notre-Dame-de-Beauce,* conduite tout opposée à celle de Salisbury et dont celui-ci fut cruellement puni, par une mort imprévue au siège d'Orléans, comme s'accordent à le dire tous les chroniqueurs.

Ce sont trois sanctuaires de la Vierge, « Notre-Dame de Pontoise, Notre-Dame de Montfort et Notre-Dame de Cléry, près d'Orléans, qui estoient en grant ruine et désolation », qu'il voulut réparer aussitôt que la guerre commença à s'éloigner du centre de la France. En 1450, il y consacre un impôt de douze deniers par minot de sel vendu dans les greniers de Normandie (1). Cet impôt produisait, en 1455, pour Cléry seulement, une somme de 150 livres tournois (2).

On n'avait pourtant pas attendu de posséder un revenu régulier pour commencer l'entreprise. La piété de fidèles, dont nous n'avons pas les noms, et le bas prix de la main-d'œuvre, permirent même de pousser les travaux jusqu'à un certain état d'avancement ; cela résulte de deux marchés contractés par devant notaire au commencement de l'année 1449.

(1) Lettres-patentes du 30 décembre 1450, aux Montils-les-Tours (*Catalogue des Archives Joursanvault*, t. I, p. 22, nº 156).

(2) Bibliothèque nationale, Ms. fr. 25,973 (Quittances ecclésiastiques), nº 2004, 27 juin 1455, quittance du chapitre de Cléry.

Le premier acte est passé entre messires Bernart de Mortefons et Guillaume Martin, chanoines de Cléry, procureurs du chapitre, et Richard Fé ou Fée, charpentier, maître des œuvres de charpenterie du duc d'Orléans (1). Il s'agissait de « lambrisser la nef de ladite église tout du long et du tour bien deuement et de bois de chesne bon, marchant et sec ; et sera ledit lambris cloué et tringlé dessus la closture. *Item* faire une porte de bois où aura ung guichet enchassillé bien et convenablement de bon bois ».

L'autre pièce est le devis et marché avec Pierre Chauvin, maître des œuvres de maçonnerie du duc d'Orléans, pour achever le portail « ou a une ymaige de Notre-Dame jaune ». On l'appelait aussi « le portail des Chandelleurs », parce que, tout auprès, les marchands de cierges, enseignes et autres objets de piété, tenaient leurs échoppes.

Pierre Chauvin s'engage à exécuter, moyennant 122 écus d'or, « deux tabernacles l'un dessus l'autre garniz d'entrepié et de ymaiges à mettre et asseoir sur la teste du Roy qui est enlevé en pierre oudit portail et l'autre au dessoubz d'icellui. *Item* faire ung autre lit de cinq tabernacles au-dessus du lit qui est jà tabernaclé et ymaginé et iceulx tabernacles garniz d'entrepié senz ymaiges... Et avec ce fera ledit maistre Pierre deux escuz enlevez ou champ dudit portail; c'est assavoir, l'un où sera les trois fleurdelis et la coronne au-dessus, qui serviront pour les

(1) Registre de Pierre Chauvreux, notaire à Orléans. M. Gillet, titulaire de cette étude, a eu l'obligeance de nous autoriser à y faire quelques recherches. — *Cf. Pièce justificative V.* Ce marché ne fut pas exécuté, ainsi que l'indique une note marginale, datée du 24 novembre 1449. Il n'en est pas moins assez important, puisqu'il constate, à cette date, l'état d'avancement des travaux de reconstruction de l'église de Cléry.

armes du Roy notre sire, et l'autre escu où seront les armes de Mons. le Dauphin de Viennois (1) ».

Il résulte de ce document que le portail du nord était déjà construit en 1449 et qu'on y avait mis en place d'honneur, comme nos pères l'ont vu avant sa destruction au commencement de ce siècle, une statue, en pierre, de Charles VII, le restaurateur de l'église ; ce n'est que dans la décoration accessoire qu'on lui associe le Dauphin, probablement en souvenir de Dieppe.

Du reste, Cléry prend bientôt place dans la première explosion, pour ainsi dire, des manifestations religieuses du dauphin Louis, ou du moins dans l'une des plus importantes, à cette date. On trouve une longue liste de ses dons pieux dans un compte de 1456-1457 (2). Après l'énumération d'un certain nombre de sanctuaires privilégiés, où ne figure pas Cléry, on lit, sous ce titre : *Pèlerinages et vœux du Dauphin :* « Une lampe d'argent valant cent écus, à chacune de ces églises : Notre-Dame de Cléry, Saint-Jacques en Galice, Saint-Martin de Tours, Saint-Antoine de Viennois, Saint-Michel-du-Mont, Saint-Genys de Lhoste, en Savoye.

« Douze cens écus d'or envoiés à Cléry le 24 juillet, portés par Pierre Landry, secrétaire du Roy, qui en rapporta une quittance datée du 6 août. »

Cette lampe d'argent ne pouvait être offerte qu'à une église en train d'achèvement, pour reconstituer le mobilier religieux ; quant à la somme énorme, pour le temps, de 1,200 écus d'or, nous estimons, conformément au titre de l'article du compte, que c'est le rachat du vœu de

(1) Registre de P. Chauvreux, notaire à Orléans. (Étude Gillet.) — *Pièce justificative VI.*

(2) Bibliothèque nationale, Ms. fr. 6967 (LEGRAND, VIII), p. 94.

Dieppe. Ce présent un peu tardif n'était, du reste, que le commencement de générosités qui allèrent toujours en augmentant.

Puisque nous avons, quelques pages plus haut, rapproché les deux dates de 1443 et 1444, le vœu de Dieppe et la fondation de Dunois à Cléry, il sera sans doute permis d'employer la même méthode pour l'accomplissement du vœu du dauphin Louis. La fiction seule est obligée de varier ses procédés ; l'uniformité sied davantage à l'histoire, qui ne peut, d'ailleurs, mieux s'éclairer et s'enchaîner qu'à l'aide de la chronologie.

Le Bâtard d'Orléans et Marie d'Harcourt, avons-nous dit, gouvernaient la seigneurie de Beaugency conjointement avec l'archevêque de Narbonne. C'est ainsi que Marie meuble le château, en janvier 1441, pour recevoir le duc d'Orléans à son retour de la captivité d'Angleterre, et qu'elle fait réparer ce même château en 1443 (1). De même, le comte de Dunois, comme seigneur de Beaugency, convoquait, pour le 15 octobre 1447, tous les vassaux de ce domaine, afin de recevoir leur foi et hommage. Il manque seul au rendez-vous et se substitue son bailli, Anjorrant Borre, parce que, explique-t-il, « pour certaines et grans causes touchans le fait nécessaire de la chose publique du royaume de France, nous soit nécessité aller présentement devers le roi, et de là à Lion, en partant à icelluy jour (2). »

Le moment était solennel, en effet. Nicolas V venait d'être élu pape ; et le 11 octobre 1447, — c'est Dunois lui-même qui précise la date, — sur l'ordre de Charles VII,

(1) Archives départementales du Loiret. (Châtellenie de Beaugency, A, 40.)

(2) *Id.* (A, 63, fol. 15, r°.)

le Bâtard quittait Beaugency afin de prendre à Lyon la direction des ambassades de France et d'Angleterre, auxquelles se joignirent d'importants personnages ecclésiastiques des deux pays, « pour l'union de l'Église et pour appaiser le schisme qui y estoit lors ». Cette grave question, agitée depuis de longues années, divisait les empires et troublait les consciences. Le père du comte de Dunois, le duc Louis d'Orléans, y appliqua vainement toute la fougue de son généreux caractère. Il avait avancé la solution; mais, comme tant d'autres bons esprits, il s'était heurté à trop d'intérêts opposés pour tout conduire jusqu'à la période décisive. Grâce à une lassitude générale et au désir universel de la pacification, l'instant approchait désormais.

Il fallait, pour remplir cette mission, un homme d'une indiscutable autorité et d'un grand nom, « sage, prudent et de bonne conduite »; ce sont les qualités maîtresses que reconnaît au Bâtard un chroniqueur impartial, Mathieu d'Escouchy. Au rapport d'un autre historien, Jean Chartier, il était, comme son père, « un des plus beaux parleurs françois qui soit en la langue de France. » Enfin, une relation originale d'un voyage accompli à Limoges avec le roi, en 1450, et publiée au tome XI des *Mémoires de la Société des Antiquaires de France*, le qualifie ainsi : « Miles nobilis, pulcher, dulcis et mansuetus et de magno consilio, et quem rex multum diligebat, non sine causa; quia prudens et boni regiminis erat, ut communis fama referebat. »

En 1448, après plusieurs voyages et de nombreuses entrevues, Dunois obtint, par ses démarches personnelles, la démission d'Amédée de Savoie, l'anti-pape Félix V (1),

(1) *Histoire de Charles VII*, par Jean Chartier, etc., publiée par Godefroy (p. 130, 133, 430, 432 et 802).

et ce fut l'un des plus grands honneurs de la vie du vaillant capitaine. Cette renonciation terminait le grand schisme d'Occident et rétablissait, par conséquent, l'ordre et l'harmonie dans toute la chrétienté.

Avant de quitter Rome et en récompense de ses bons offices, Dunois obtint du pape, qui lui devait tant, pour son abbaye de Beaugency (1), une indulgence plénière ou grand pardon, comme on disait alors, accordé à tous les fidèles des deux sexes qui, dans un laps de dix ans à partir de la promulgation de la bulle pontificale, visiteraient l'église abbatiale, ruinée par les guerres, le dimanche dans l'octave de l'Ascension, et consacreraient une aumône à sa réparation. Cinq ans après, le samedi 21 avril 1453, en reconnaissance de ce bienfait qui avait procuré d'abondantes ressources, les religieux étaient convoqués solennellement en chapitre par leur abbé Geoffroi Clément. L'assemblée délibéra et, d'un accord unanime, décida la fondation d'un anniversaire solennel. Il devait être célébré à perpétuité, le mardi après l'Ascension, pour les âmes des parents défunts du comte et de la comtesse de Dunois, seigneur de Beaugency, et pour eux-mêmes, pendant leur vie, et pour le salut de leurs âmes, après leur mort. De plus, on les associait, ainsi que leur postérité, à toutes messes, prières, jeûnes, etc., qui se diraient ou se feraient dans l'abbaye et dans tous les prieurés qui en dépendaient (2).

(1) Dunois se préoccupa du reste toute sa vie des intérêts religieux de ses sujets. En 1467, une année avant sa mort, considérant que l'église Saint-Firmin de Beaugency était trop exiguë pour le concours des fidèles de la ville, il fit ériger en église paroissiale la chapelle de Saint-Nicolas de Beaugency. Les actes de cette érection sont à la Bibliothèque d'Orléans (Mss. 433 et 434, II).

(2) Archives départementales du Loiret (A, 63, fol. 42 et 43). Cet

A la date de cet acte capitulaire, 1453, la mort de Jean d'Harcourt, archevêque de Narbonne, arrivée l'année précédente, laissait Dunois et sa femme gouverner sans partage le domaine de Beaugency. Voulant agrandir leurs fiefs, ils achètent de Perrotin de Chartres le fief de Lestiou, le 10 janvier 1455 (1).

Vers la même époque, la terre de Cléry, sur laquelle ils percevaient déjà certaines rentes (2), leur fut adjugée par décret contre Jean de Laire, écuyer (3). Nous ne pouvons préciser absolument la date de cette acquisition (4) ; mais elle est certainement antérieure, et de bien peu, au 26 avril 1455, puisqu'un acte de ce jour, signé de Marguerite de Husson, dame de la Salle-lèz-Cléry, dont la seigneurie de Cléry relevait féodalement, donne quittance au comte de Dunois des droits de quint et requint dus pour sa terre de Cléry « naguères acquise ».

acte est d'une date trop récente pour figurer dans le *Cartulaire de Beaugency*, publié par M. G. Vignat (t. XVI des *Mémoires de la Société archéologique et historique de l'Orléanais*). Il n'en est pas question non plus dans l'*Histoire de l'abbaye*, publiée au même volume, d'après la copie de Duchalais. La mention malheureusement incomplète de la page 378 : « Une messe tous les jours en l'église nommée la messe de Dunois ou de la comtesse fondée par Jean..... », se réfère évidemment à un acte visé par le testament et que nous n'avons pas retrouvé. — En 1505, Agnès de Savoie y fit une fondation analogue à celle que nous publions pour Cléry. (*Pièce justificative IX.*)

(1) Archives départementales. Châtellenie de Beaugency (A, 63).

(2) Archives départementales du Loiret. Fonds du chapitre de Cléry.

(3) *Id.*, A, 63. fol. 14, v°. Les de Laire ont possédé ce fief, de père en fils, pendant une longue durée. C'est donc une erreur de croire que Dunois succédait directement aux Dauphins d'Auvergne.

(4) Sur notre demande, M. Lecestre, archiviste aux Archives nationales et auteur d'une thèse intéressante sur Jean Bâtard d'Or-

Cette nouvelle qualité de seigneur de Cléry ne pouvait, on en conviendra, que stimuler encore Dunois à poursuivre l'achèvement de sa collégiale. D'autre part, nous l'avons vu constituer sa première fondation à Cléry une année après le vœu de Dieppe; et nous nous demandons si son acquisition de cette terre, en 1455, n'est pas la circonstance déterminante de l'envoi fait, en 1456, par le dauphin Louis, d'une lampe d'argent et de 1,200 écus d'or, pour Notre-Dame de Cléry. C'est, nous le répétons, le premier de ses dons à cette église dont nous ayons retrouvé la trace. On y verra, pour le moins, le souvenir touchant d'un bon compagnon d'armes et une preuve de l'oubli de désaccords anciens, au cours desquels fut révoqué le don de la terre de Valbonnais.

L'œuvre entreprise, sinon par le Bâtard, du moins à son instigation, fut terminée et complétée par Louis XI, nous dirons un jour avec quelle étonnante prodigalité, lorsque, monté sur le trône, il tint à racheter la seigneurie de Cléry de François de Dunois, noble héritier de son père, pour en faire don à l'église elle-même.

On sait que l'église, presque achevée en 1472, fut, cette année même, la proie d'un terrible incendie qui brûla toute la couverture et la charpente. Le roi les fit refaire ; et, cette fois, ce fut bien sous ses yeux. Mais alors, encore moins qu'après 1428, il n'y avait pas lieu de reprendre l'église « sur de nouveaux fondements » comme le dit avec exagération le chanoine Médon.

Cependant ce dernier acte a donné naissance à la légende qui fait reconstruire Cléry par Louis XI, en conséquence du vœu de Dieppe. Il nous a semblé juste de réduire son

léans, a bien voulu faire sur ce point quelques recherches qui n'ont abouti à aucun résultat.

rôle à de plus justes proportions, en étudiant avec soin les documents contemporains ; et de montrer, au contraire, l'importance qu'il convient d'attribuer, dans l'histoire de Cléry, à Jean, bâtard d'Orléans, comte de Dunois.

VI

LE TESTAMENT INÉDIT DE DUNOIS.

Ceux que passionne l'histoire du XVe siècle, époque toute remplie de contrastes, de défaites et de victoires, de drames sombres et de scènes lumineuses, où la nation française, sur le point de périr et de s'éparpiller, se ressaisit et se rassemble en un faisceau d'une solidité jusqu'alors inconnue, ceux-là, seuls, peuvent apprécier toutes les qualités publiques et extérieures, pour ainsi dire, du Bâtard d'Orléans.

Mais, si l'on pénètre la vie privée, admirable elle aussi, si l'on scrute les actes personnels, on se trouve en présence non plus seulement d'un vaillant soldat et d'un habile diplomate, mais encore d'un esprit élevé, sage, prudent, vertueux ; d'un caractère pacifique, généreux et compatissant.

Ces qualités et ces vertus, brillants reflets d'une âme d'élite, portées à un haut degré et s'y maintenant, ce qui est plus rare, s'affirment nécessairement aux grandes époques d'une longue carrière, et surtout lorsqu'une pareille vie touche à sa fin. Il est donc intéressant d'en poursuivre le témoignage jusque dans les actes de dernière volonté, dans les préparatifs suprêmes à l'approche de l'éternité.

Les dispositions testamentaires du Bâtard d'Orléans sont au nombre de quatre. Jusqu'à présent, le texte d'une seule d'entre elles était connu. Les deux premières rédigées du vivant de Marie d'Harcourt, sont, par conséquent, communes aux deux époux ; les autres, postérieures à sa mort, restent l'œuvre personnelle du comte de Dunois.

1° Un testament avait précédé celui du 3 octobre 1463, qui le vise dans plusieurs passages. Certaine clause contient ces mots : « depuis autre testament par eux fait avant cetuy. » Une dernière disposition révoque solennellement ce premier testament et en atteste surabondamment la préexistence ; aucune autre trace, croyons-nous, n'en a été rencontrée.

2° Le 3 octobre 1463, se trouvant à Arles, le Comte de Dunois et Marie d'Harcourt font un nouveau testament, par-devant notaire (1).

En voici le résumé. Après un préambule empreint d'un sentiment religieux très profond, ils donnent des ordres pour achever la construction et payer les ornements de la chapelle Saint-Jean-Baptiste, à Cléry, où ils élisent leur sépulture et fondent des messes. Ils attribuent ensuite des sommes importantes à la dotation de jeunes filles sans fortune, à des secours destinés aux pauvres de sept villes de leur domaine, à des legs pour leurs serviteurs, à la réparation du couvent des Cordeliers de Châteaudun et à l'entretien de ces religieux, à l'achèvement de la Sainte-Chapelle du château de Châteaudun et à la

(1) C'était, pensons-nous, au retour d'une expédion en Italie pour prendre, au nom du roi de France, possession de Gênes et de Savone. Le Bâtard était à Lyon le 10 septembre ; et, le 28, il donnait, à Arles, quittance d'une certaine somme pour le paiement de ses gens d'armes. (*Cabinet historique*, 1857.)

perfection des études d'un certain nombre d'étudiants en théologie.

Puis ils procèdent aux dispositions de famille et au partage de leurs biens; et c'est, croyons-nous, la cause de la révocation du premier testament. Après une exhérédation solennelle et fortement motivée de leur fille Marie, qui a rompu ses vœux ecclésiastiques pour se faire enlever et épouser, contre la volonté de ses parents, par Louis, bâtard de Bourbon, ils instituent héritier universel leur fils François. Ils attribuent une part de 40,000 écus d'or à leur autre fille Catherine; et ils font leurs réserves dans le cas où ils procréeraient d'autres enfants, et dans celui où François mourrait sans postérité.

Telles sont les principales clauses de l'acte que le comte et la comtesse de Dunois appellent « leur dernier testament ». Il le fut en effet, selon toute vraisemblance, puisque Marie mourut environ un an après, et que ces clauses furent en partie confirmées, sans aucune mention de révocation, dans le document que nous publierons ci-après.

Ce testament de 1463 est imprimé dans les *Mémoires de la Société archéologique de l'Orléanais* (1), d'après une copie de Polluche que M. de Vassal avait découverte dans les archives départementales, confiées à ses soins. Polluche lui-même l'avait rencontré dans les papiers du chanoine Hubert. Cela explique comment ce document, qui paraît bien complet, se trouve assez incorrect en plusieurs endroits, soit que la copie du chanoine fût originairement fautive, soit que l'écriture menue et parfois peu lisible de Polluche doive supporter la responsabilité de ces erreurs. Ces altérations, provenant de copies successives reprodui-

(1) T. IV, pp. 422-429.

sant et multipliant les fautes, s'accusent donc surtout dans celle de Polluche. L'auteur de la note qui précède la publication de cet intéressant document était autorisé, par suite, jusqu'à un certain point, à dire que l'acte ainsi publié ne présente ni le style ni l'orthographe du XVe siècle.

On arriverait à une plus grande exactitude, et l'on restituerait aussi à cet acte une physionomie bien plus franche, en s'aidant de copies moins complètes, mais se rapprochant évidemment davantage de l'original, qui se trouvent à la Bibliothèque d'Orléans (1) et à la Bibliothèque nationale (2) ; nous nous contentons de donner en note les clauses relatives à Cléry, avec les rectifications qui paraissent très admissibles, d'après ces deux versions, qui sont d'ailleurs identiques (3).

Il était moins prudent d'affirmer que l'acte copié par Polluche n'est qu'une traduction. Il est certain, en effet,

(1) Ms. 433 (de Gyvès).

(2) Ms. 1122 du fonds Clairambault.

(3) « Et quand sera le plaisir de Notre-Seigneur qu'ils trépassent de ce monde, ont voulu et ordonné, veulent et ordonnent qu'en quelque lieu qu'ils trépassent, leurs corps soient portés et mis en l'église Notre-Dame de Cléry et en la chapelle de Saint-Jean-Baptiste, et dessus iceux *mis* deux tombes de cuivre ou albâtre qui n'ayent plus le *pavement* que trois doigts et sur icelles soit écrit ce que par leurs exécuteurs sera dit, advisé et ordonné.

« *Item* ont voulu et ordonné, veulent et ordonnent lesdits comte et comtesse que, pour l'édifice de la dite chapelle Saint-Jean-Baptiste dudit lieu de Cléry et *ornemens* d'icelle, soient baillés douze cents écus d'or, c'est à savoir huit cents pour ledit édifice et quatre cents pour iceux *ornemens*.

« *Item* ont voulu et ordonné lesdits comte et comtesse, veulent et ordonnent que la messe, par eux autresfois fondée en ladite chachapelle de Saint-Jean de Cléry, soit à moitié entre eux et pour eux ; et semblablement celle qu'ils ont fondée en l'église de Notre-Dame de *Baugency*..... »

que beaucoup de testaments notariés sont rédigés en français, durant tout le cours du XVe siècle ; mais il est juste de reconnaître que le latin était d'un usage plus habituel dans les provinces méridionales. Toutefois, Dunois et sa femme, traversant seulement le midi, étaient libres de préférer la langue vulgaire, afin de s'assurer que leurs intentions seraient bien comprises et leurs volontés mieux exécutées. En l'absence de l'original, le doute nous paraît favorable à cette dernière hypothèse ; et, de plus, les trois copies parvenues à notre connaissance sont françaises. Elles n'ont pourtant pas la même origine, puisqu'il y a des variations dans la lecture.

3° Au moment où le P. Anselme écrivait son histoire de la *Maison royale de France*, Lancelot lui communiquait une note d'après laquelle Dunois aurait écrit de sa main, à Paris, un testament daté de la veille de Saint-Michel (29 septembre) 1468.

Nous ignorons pour quels motifs on a pu dire que le testament du 3 octobre 1463 n'eut pas d'effet, à cause de ce testament de 1468 (1). Ils ne se présentent pas dans les mêmes conditions. En principe, l'œuvre commune à Dunois et à sa femme a dû avoir un commencement d'exécution, en ce qui regarde celle-ci et par suite de son décès, arrivé peu après, le 1er septembre 1464. Tandis que Dunois, survivant, pouvait prendre d'autres dispositions personnelles En fait, le testament de 1463 n'a pas été révoqué. Plusieurs clauses stipulées en commun ont produit leur effet ; d'autres ont été répétées et confirmées, amplifiées même, par Dunois resté seul.

On trouvera d'ailleurs ici le texte de ce nouveau testa-

(1) *Bulletin de la Société dunoise*, t. IV, p. 388.

ment de 1468, document absolument inédit et longtemps cherché, que nous avons eu la bonne fortune de découvrir. Il est olographe et vient protester de lui-même contre la légende absurde, souvent réfutée, mais toujours renaissante, d'après laquelle Dunois n'aurait pas su même signer son nom.

Ce n'est pas l'original que nous reproduisons, mais une copie très soignée, portant la signature figurée, avec mention de la disparition du sceau et la cote de l'original; on peut donc y ajouter entièrement foi comme source historique. Nous reproduisons ce testament absolument tel que nous l'avons trouvé, en respectant, avec la forme, les bizarreries de style et d'orthographe.

TESTAMENT HOLOGRAPHE DE JEHAN BASTARD

In nomyne patris et filyi et spiritus santy, amen.

Pour ce que en ce monde n'est choze plus certaine que la mort, ny moins certaine que le trépas et heure ; par quoy appartient à toute personne, tandis qu'il a son mémoire bien dispozé, faire son testement et derrenière ordonnence; à la quele cause Je Jehan, conte de Dunois et de Longueville, seigneur de Partenay, grant chamberlan de France, foiz à présent mon testement tel comme je vueil et ordonne estre fait et accomply, selon et en la forme que cy après s'ensuit :

I. Et premièrement, je recommende mon arme à Dieu mon créateur, à sa benoiste gloryeuse Vierge mère, à Mons. Saint Michel l'ange, Mons. Saint Jehan Batiste, aux benoiz apostres, saints et saintes, anges, arquanges, et généralement à toute la court de Paradis.

II. *Item*, je vueil et ordonne que, après que auray rendu l'esperit et mon arme séparée de mon corps, mon dessusdit corps soit porté en l'Esglize de Nostre Dame de Cléry, mis et pozé en la chapelle que je y ay fait faire, tout auprès du corps où repoze Marye de Harcourt, ma bonne seur et compaigne, à quy Dieu pardoint; et que, du lieu où je décéderay, pour accompaigner mon dit corps jusques audit Cléry, seront cinquante poures qui porteront chacun ungne torche, qui seront alumées à l'entrée et yssue des lieus et villes où mondit corps ce arrestera; et aront yceulx poures chacun robe et chaperon de drap noir; et pour leur despenxe et salere, à chacun pour jour xv blans, à conter depuis le partement jusques aux temps qu'ilz pourront estre retournez; aveques ce, pour mondit corps accompagner, seront x prestres quy diront au vespre vigille de mors et le matin grant messe à note de *requien*, auxquels sera fait leur despence de boire et manger, et giste; et pour leur salaire x soulx tournois pour jour, à compter du temps qu'ilz aront peu mettre, alant et retournant.

III. *Item*, je vueil et ordonne qu'ilz soient mandéz xxx prestres, en oultre les x, pour eulx trouver à Cléry au temps que mondit corps y sera; pour faire le service de vigilles et des messes qui ce diront le jour de mon enterrement, qui ce prendront à Chasteaudun; c'est assavoir, de la Madelène, de Saint André, de la Sainte Chapelle et de Saint Franssois, qui aront par chacun jour, tant pour aler que retourner, pour leur despence et salaire, chacun xii sols tournois; et sera prié l'abé de la Madelène à y venir; et les autres dix ce prendront en l'Eglise de Notre Dame de Cléry et à Mehun-suz-Loire; lesquelx, pour leur despence salaire, [aront] xii sols tournois; et sera prié l'abé de Bogency de y venir, lesquelx dessusdiz abbés célébreront les deux messes qui ce diront à note, la première de Notre Dame et l'autre de *requien;* et à tous les prestres qui, ledit jour de mon enterrement, sélébreront, tant les mandéz dessus diz que autres, aront pour la messe v sols tournois.

IV. *Item*, je vueil et ordonne la somme de cent cinquante frans pour le luminaire et escussons qu'il conviendra faire. Aveques ce la somme de deux cens [frans] pour donner aux poures; c'est assavoir : iiii blans à chacun poures et vi blans à poures fames nourices, auxquels, après l'ausmosne livrée, sera requis eux mettre à genolz, priant à haute voix, les vizaiges tournez vers l'Esglize de Notre Dame (1), par troiz foiz : Dieu, myseri-corde.

V. *Item*, à tous mes serviteurs, qui n'aront maistre, sera baillé robes et chaperons de noir, c'est assavoir : aux gentils-homes, mes clers, ceulx de ma chambre, et archiers qui n'aront maistre, drap de deux escus, et aux autres officyers servans, de deux frans et le blanchet pour les doubler; et seront tous yceux qui accompaigneront, eux et leurs chevaux, desfraiés de boire et manger et de giste, aussy les dessus diz abés.

VI. *Item*, je ordonne estre dit par ung an ungne messe à note, diacre et souxdiacre, en la chapelle où sera mondit corps; et, en la fin d'icele, suz les sépultures de moy et de ma fame : *de profundis*, ungne oraison pour l'arme de moy et madite compaigne, et *Fidelion* (2); et aux quatre ordres Mandiens d'Orliens, quatre; et deux aux Cordeliers de Chasteaudun : et sera bailé pour icelles VII messes quatre cens frans; c'est assavoir : cent pour la haute, et troiz cens frans pour les autres VI messes.

VII. *Item*, ordonne estre donné, pour Dieu et en aumosne, la somme de VII cens frans en VII villes; c'est assavoir : en la ville de Chartres, c. l. t; en la ville de Tours c. l; en la ville de Blois, c. l; en la ville de Chasteaudun, c l; en la ville de Partenay, c l; à Bogency et à Longueville, cc l.

VIII. *Item*, je ordonne estre entretenue l'ausmosne de cent poures pour ung an, c'est assavoir L. à Chasteaudun, XXX à Bogency et XX à Cléry.

Item, je ordonne estre donné et emploié VIII [c] frans, pour le mariage de cent filles pucelles, es lieux qui s'enssuivent : à Chasteaudun, XXX; à Partenay, XXX; à Longueville, XX; et à Bogency XX; c'est assavoir es villes et sies (3).

IX. *Item*, je ordonne à la fille de Alardin, Marie de Bertemont, II[c] frans pour son mariage, à cause du service qu'elle a

(1) Il est impossible de n'être pas frappé du rapport qui existe entre cette disposition et le vœu de Dieppe.

(2) C'est la Collecte de la *Commémoration des fidèles trépassés*, qui commence ainsi : *Fidelium Deus*, etc.

(3) Nous pensons que le copiste a mal lu ce dernier mot, qui devait commencer par F; on écrivait encore : *fiés* pour *fiefs*.

fait à ma dessusd. fame; et aussy à Symonne Encarde (1) pour le bon service qu'elle (*sic*) [a fait] à moy et à mad. fame cent l; et XXX l. sa vie durant, suz la revenue de Marché noir, aveques ce que je donne aux Cordeliers de Chasteaudun pour aider à la réparacyon de leur Esglise. cent frans.

X. *Item*, je donne à mes poures serviteurs, la somme de VIII [c] l. tournois, pour icele estre baillée et distribuée ainsy qui s'enssuit : aux trois serviteurs de ma chambre, Michelet, Moyse et Julyen, trois cens l. et toutes mes robes; à Colins, mon queus, IIII^xx l; au grant Germain, guarde de ma tapicerie, IIII^xx l; à Phelipot IX l; au Piquart, XL; à Jehan Dugué, Mitayne Gervaize et Jehan Cauchon, à chacun XXV l. ; à Simon le Varlet de sommiers, XXX l ; et, sa vie durant, sur la recepte de Chasteaudun, XVI l. t ; à Symon, le portier de Bogency, XX l; à la fame de cuisine, X l; à Nicolas le Genevoiz, XL l ; à mon palefrenier, XXX l; et le reste là où par mes exécuteurs sera advizé.

XI. *Item*, je vueil et ordonne estre dite et célébrée ungne messe basse, pour l'arme de Jehan de Saveuze, à la sainte Chapelle de Chasteaudun, par chacun jour, de cy à quatre ans; c'est assavoir : en la sepmaine, les quatre jours de *requien*, et trois de Nostre Dame; et pour ce faire aront XL frans par an, et pour les services et biens qu'il m'a faiz sera départy au poures en la ville de Bloys dont il a esté gouverneur, II^c frans.

XII. *Item*, je vueil et ordonne que la revenue de la ville et seigneurie de Bray sur Sainne, laquele j'ay afermée à maistre Mathieu Beauvarlet, à la somme de deuz cens franz, soit mise et demeure en la main de Deniz le Breton, pour icele employer au vivre de VI escoliers que à présent je tieng à l'estude, et jusques à ce que iceulx aient receu le degré de Théologie, et pour à iceluy degré parvenir; c'est assavoir : pour leurs vesperies, et à chacune, XL l. t; et pour chacune feste, c. l. t. et ungne queüe ou muy de vin XII l. qui est en somme IX^c XII l. t.

XIII. *Item*, je vueil et ordonne que mes léales debtes soient aquitées, lesqueles et dont je suis recors, pour ce que ay volenté de m'en aquiter, je ne déclaire point en ce present testament, maiz le declaireray en ung escript attaché en icelluy, lequel

(1) Le copiste, indécis, a écrit en marge : Eycurde, Cycarde.

sera escript et singné de ma main et my le contresel de mon seau.

XIV. *Item,* et pour fournir et accomplir les chozes cy dessus escriptes en ce présent testament, je vueil et ordonne qu'il y soit mys et emploié les trois mile v^c escus d'or que Jehan de Beaulne, marchant de Tours, a de moy en guarde, et dont j'en ay sa cédule; et ou cas que lad. somme n'y pourroit fournir, qu'il en soit prins, pour ce faire, de l'argent que Denys le Breton a de moi en guarde.

XV. *Item,* je ordonne estre mes exécuteurs George de Brilac s[r] de Courcelles, Me Fleurens Borguoing baillif de Dunois et Jehan de Myneray, changeur du Trésor; auxquelz, et à chacun d'iceulx, je done plain pouoir de faire et accomplir les chozes dessusdictes et declairées; et, pour leur peine et salaire à ceulx qui y vaqueront, done à chacun c l. tournois; et à ce faire oblige tous et chacun mes biens meubles et immeubles. En tesmoing de ce ay escript et singné de [ma] main cest présent testament, et plaqué le scel de mes armes. Fait en la ville de Paris, la veille de la feste Saint Michiel M CCCC LXVIII.

Signé : JEHAN.

Le sceau n'y est plus.

Original en parchemin estant en la chambre des comptes de Chasteaudun, armoire Dunois, liasse C, 2 (1).

Ainsi que nous l'avons dit, et comme on peut s'en assurer par la lecture de cet important document, le testament de Dunois, de 1468, n'infirme en aucune façon celui de 1463. En dehors des stipulations personnelles, il confirme et précise certaines dispositions antérieures, notamment dans les clauses VII, VIII, XII et XIII. C'est l'acte d'un chrétien, d'un prince libéral et bienfaisant, d'un bon mari qui veut être inhumé tout auprès du corps de sa

(1) Copie du XVIIe siècle sur papier, in-fol.; folios 372-374 du Ms. 1136 Clairambault (26e de l'Ordre du Saint-Esprit), à la Bibliothèque nationale.

« bonne sœur et compagne ». A ce titre, il prouve d'une manière indéniable l'authenticité de nos découvertes dans la chapelle Saint-Jean; il vérifie ce que nous avons dit du caractère de Dunois. La profession de foi religieuse, les fondations, le soin avec lequel il ordonne tous les détails de ses funérailles; tout cela est bien en rapport, non seulement avec sa haute situation, mais avec ses habitudes pieuses.

Et quelle charité pour les pauvres, les jeunes filles de ses domaines, les étudiants en théologie! Quelle sollicitude pour le sort de ses officiers, de ses gens, de ses serviteurs les plus humbles! Quel touchant souvenir pour Jean de Saveuze, son vaillant compagnon d'armes, qui l'avait encore suivi dans la campagne de réduction de la Normandie!

4° La dernière disposition du Bâtard n'est pas un acte testamentaire à proprement parler, quoiqu'il en parle dans son testament et qu'il ordonne de l'y annexer; c'est une sorte de codicille, ne contenant probablement rien autre chose que l'état de ses dettes. Le P. Anselme en donne la date, 8 novembre 1468. Il a échappé à nos recherches.

Dunois ayant terminé sa noble carrière quelques jours après, le jeudi 24 novembre, à Lhay, près de Bourg-la-Reine, ou bien au château de Lhay, près de Montlhéry, ses funérailles eurent lieu suivant le cérémonial qu'il avait voulu régler. Sa dépouille mortelle fut ramenée à Cléry par le Puiset, Saint-Péravy-la-Colombe, Beaugency; et, dans chacune de ces villes, on célèbre un service solennel.

Le cortège qui le ramène à Cléry, le jeudi 1er décembre, avait à sa tête Miles d'Illiers, évêque de Chartres, témoignant ainsi sa reconnaissance de l'influence que Dunois avait exercée sur son élection, et les abbés de la Madeleine de Châteaudun et de Beaugency.

Le même jour, un sentiment de souveraine justice et, nous voulons le croire, de profonde gratitude, amenait Louis XI à Cléry. C'est, croyons-nous, la première fois que l'on puisse signaler avec certitude sa présence en cette ville. Le roi arriva pendant les Vigiles des Morts et offrit une somme d'or considérable pour les frais du service du Bâtard d'Orléans.

Le lendemain, vendredi 2 décembre 1468 eut lieu l'inhumation de Dunois dans la chapelle Saint-Jean de l'église de Cléry, auprès de sa fidèle épouse.

La chapelle de Longueville, dans la collégiale de Cléry, restera-t-elle à tout jamais dépouillée de l'un des monuments qui l'ornèrent autrefois ? La poussière du Bâtard d'Orléans n'aura-t-elle toujours pour protection que l'humble pierre de la Société archéologique de l'Orléanais? Nous croyons qu'il y a plus et mieux à entreprendre.

Puisque la France s'impose sans regret tant de sacrifices pour son armée, la préparant sans relâche pour une heure que Dieu seul connaît, qu'elle se pénètre des enseignements de son histoire, qu'elle relise les hauts faits de ses vieux capitaines. Après s'être illustré plus que tout autre, Dunois est oublié, lui qui mena tant de fois nos soldats à la victoire !

Qu'on se hâte enfin d'élever un monument qui perpétue le respect dû à cette mémoire ! C'est ici, à Cléry même, dans cette chapelle aujourd'hui déserte, qu'il faut le dresser sans retard. Chaque Français y apportera son obole, parce que c'est en honorant ses gloires passées qu'un pays se montre vraiment digne du dévoûment de tous ses enfants.

PIÈCES JUSTIFICATIVES

I

QUITTANCE D'UN LIBRAIRE ET ENLUMINEUR POUR VENTE DES HEURES DONNÉES AU BATARD D'ORLÉANS.

(28 juillet 1417.)

Saichent tuit que je Jehan Boquet, libraire et enlumineur demourant en rue Neufve Nostre Dame de Paris, confesse avoir eu et receu de honnorable homme et saige Pierre Renier, trésorier géneral de Mgr le Duc d'Orléans, la somme de six livres tournois pour la vente d'unes heures de Nostre Dame à l'usaige de Paris, vigiles des mors et autres suffraiges, que ledit trésorier a fait achoter de moy ledit pris pour Mes. le Bastart d'Orléans a qui mondit s. d'Orléans les a données et fait délivrer, de laquelle somme de vj l. t. je me tien pour content et en quitte mondit s. d'Orleans, sondit trésorier et tous autres. En tesmoing de ce jay signée ceste cédule de mon saing manuel le xxviij^e^ jour de juillet l'an mil cccc et dix-sept.

J. BOQUET.

Bibliothèque nationale, Ms. fr. 26612. (Quittance 51, 1417-141?.)

II

CERTIFICAT DONNÉ PAR JEAN, COMTE D'ANGOULÊME, A SON FRÈRE LE COMTE DE DUNOIS, A L'OCCASION DE LA DONATION DUDIT COMTÉ DE DUNOIS PAR CHARLES, DUC D'ORLÉANS.

(1er avril 1445.)

Nous Jehan, Comte d'Angoulesme, certifions que le premier jour d'avril mil quatre cens quarante-cinq, après Pasques, nous estant dans la ville de Rouem, ès mains des Anglois, où nous avons esté ostage et plaige l'espace de trente-deux ans et plus, fusmes mis à délivrance et eslargissement de nostre personne par le moien et à la poursuite du comte de Suffolc du costé des Anglois; lequel comte de Suffolc a nostre partement de luy, de ladicte ville de Rouem, nous merciasmes de la grant peine et diligence qu'il avoit eue et prinse à faire nostredicte délivrance, de laquelle lui seul estoit principale cause et moien, en nous réputant a tousjours mais tenu à luy et aux siens. Lequel comte de Suffolc nous repartist et dict que tout ce qu'il avoit faict, tant à la délivrance de nostre très chier seigneur et frère monseigneur le duc d'Orléans qu'à la nostre, il l'avoit faict de son bon cueur, non seulement pour amour de mondict seigneur et de nous, mais singulièrement et principalement il l'avoit faict pour l'amour de nostre très chier et bien amé frère le Bastard d'Orléans, comte de Dunois, duquel il avoit esté prisonnier, et pour le plaisir qu'il luy avoit faict, luy estant en ses mains; Et nous priant singulièrement ledict comte de Suffolc que le plaisir, service et amour qu'il nous avoit faict à nostre délivrance et eslargissement voulsissions recognoistre pour l'amour de luy envers nostredict frère, le comte de Dunois, auquel il se resputoit tant tenu; et que, quand Dieu nous en donneroit la grace, fissions cognoistre et appercevoir à nostredict frère le comte de Dunois le service, plaisir et amour que pour amour de luy nous avoit faict ledict comte de Suffolc, dont nostre seigneur nous doint grace selon le bon vouloir que en avons. Et afin que on sache pour vérité les choses dessus dictes avoir este ainsy dictes à nostre partement dudict Rouem et dudict comte de Suffolc, nous, en tesmoing de ce, avons cy souscrit nostre seing manuel.

Et au dessous de l'escriture de ladicte certification estoit escrit ce qui s'ensuit :

Je Pierre des Caves, secretaire de monseigneur le duc d'Orléans et de mondict seigneur le comte d'Angoulesme, certifie avoir esté à la poursuite et délivrance de mondict seigneur le comte d'Angoulesme et présent aux paroles dessus dictes. Ainsi signé en la fin de ladicte escriture, au dessous d'icelle : P. des Caves ; et au dessous en ladicte marge de dessous, ainsi signé : Jehan, etc. L'an de grace mil quatre cens quarante cinq, le mardi vint neuviesme jour du mois de juing. Signé : Lemaire et Quignon.

Bibliothèque d'Orléans, Ms. 433 (de Gyvès), p. 692, etc., d'après une copie provenant du cabinet de M. de Lescornay, avocat au Parlement.

III

LETTRES DU DAUPHIN LOUIS, EN FAVEUR DU BATARD D'ORLÉANS, POUR LA DÉLIVRANCE DE DIEPPE.

(5 octobre 1443.)

Loys aisné filz du Roy de France, Daulphin de Viennois. A tous savoir faisons que pour les haults et recommendables services faiz a mon très redoubté seigneur et père par nostre tres cher et feal cousin le Bastard d'Orléans, comte de Dunois et de Longueville, et aussi à nous et mesmement au lièvement du siège que tenoient les Angloiz devant Dieppe, qui a esté la première de noz entreprinses où nous avons obtenu victoire, à laquelle notredit cousin nous a serviz de sa propre personne et de ses gens nobles et autres en grant nombre, de ses biens sans riens espargner. Nous à notredict cousin donnons toute telle porcion d'aide d'argent à quoy poura estre mise et imposée par les Estaz de notre Daulphiné les terres de Vaubonnois et appartenances en notre Daulphiné, appartenans à notredit cousin pour icelle avoir par chascun an, quelque somme que lad. portion puisse monter, sa vie durant. — Donné à Senliz le 5e d'octobre 1443, par Msr le Daulphin, en son conseil, auquel vous, le sire d'Estissac, Messire Yve de Scepeaux, Messire Simon Charles et le sire de Fontaines estoient avec plusieurs autres.

Copie moderne sur papier du *Vidimus* latin donné à Grenoble, le 31 décembre 1444, par Raoul de Gaucourt : « *Consiliarius primus cambellanus et gubernator Delphinatus.* » (Bibliothèque nationale, Ms. fr. 20,379, fol. 131.)

IV

PREMIÈRE FONDATION DU BATARD D'ORLÉANS ET DE SA FEMME A NOTRE-DAME DE CLÉRY.

(13 octobre 1444.)

Le mercredi XIIIIe jour d'octobre IIIIc XLIIII.

En la présence de Guillaume Barre et Berthaut de Berry notaires jurez a Baugency, furent présens et establiz personnelment très noble et très puissant seigneur Messire Jehan Bastart d'Orleans conte de Dunois et de Longueville grant chambellan de France, et très noble et puissant dame Marie de Harecourt (la contesse) sa femme, icelle dame souffisamment auttorisée (de son) de mond. sr le conte son mary, lesquiels cognurent et confessèrent que, pour le remedde et salut de leurs ames et pour la tres grant amour et affection qu'ilz ont a leglise de Notre

Dame de Clery, ilz ont donne et donnent dès maintement pour tousjoursmes a messires les Doien et Chappitre de lad. eglise de Notre Dame de Clery, pour eulx et leurs successeurs, la somme de quarente livres tournois de rente annuelle et perpetuelle a les avoir prandre et recevoir par lesd. Doien et chappitre, par les successeurs ou par le porteur de ces lettres par chacun an a touzjours mais, a deux termes et paiemens; Cest assavoir le jour de la Nativité Notre Seigneur et le jour de la Nativité Saint Jehan Baptiste pour chacun terme la moitié, le premier terme et paiement commencant aud. terme de la Nativité Notre Seigneur prochain venant, En et sur la recepte qui doresenavant se fera par le receveur de mond. s^r le conte de la terre qu'il a nouvellement et naguèrez aqueste de Phelipot Mauvoisin et des premiers deniers qui vendront de lad. recepte, assiz iceulx heritages près de Freteval comme ilz se poursuivent en mesteries, molins a ble et a tan, terres, bois, cens, rentes, fiefz, rerefiez et autres appartenances quelxconques sur lesquelx heritages mond. s^r le conte et madicte dame ont assis et assignee lad. rente de XL l. t. a prandre sur la recepte desd. heritages des premiers deniers yssans et venans de la recepte d'iceulx heritages. Moyennant et parmi ce que lesd. Doien et chappitre seront tenuz doresenavant a touzjoursmais continuellement faire dire et chanter (tous les jours de l'an incontinant après que matines seront) tous les jours de l'an une messe basse de Notre Dame (la vie durant de mond. s^r le conte et de mad. dame la contesse sa femme) laquelle messe sera chantée (la première messe après que matines seront dites) au grant aultier de lad. Eglise. Et sera la première messe qui se dira et chantera apres que Matines seront chantées en lad. Eglise Notre Dame de Clery et avant qu'ilz en chantent point d'autre, première après lesd. Matines. Et seront tenuz lesd. Doien et chappistre faire (sonner) gobeter lad. messe, avant que on la vueille chanter, a ung des gros sains de lad. Eglise par quinze coups tous de Rent. Et incontinant apres quelle sera ainsy gobetée ilz seront tenuz de la faire dire et chanter comme dit est. Et apres le trespas de mond. s^r le conte ou de mad. dame la contesse sa femme, ou du premier deulx qui ira (à trespas) de vie à trespas devant l'autre, lesd. R. Doien et chappistre seront tenuz faire dire et chanter lad. messe des Trespassés par chacun jour de l'an a touzjoursmais par la maniere susd. sauf a tous les samedis quelle sera chantée touzjours de Notre Dame seulement. Et en oultre mond. s[r] le conte a promis et mad. dame la contesse a promis et accordé de bailler ausd. Doien et chappitre amortissement desd. XL l. t. afin qu'ilz en puissent joir paisiblement. Et adce faire furent présens Messire Guillaume Le Macon et Messire Bernart prebstres et chanoines de lad. Eglise, eulx disans procureurs desd. Doien et chappitre, lesquielx ont promis faire consentir et obliger lesd. Doien et chappitre à faire dire et chanter lad. messe tous les jours par la manière dessus dicte.

Minutes de Berthaut de Berry, notaire à Beaugency. (Étude H. Denizet). Les passages entre parenthèses ont été biffés sur la minute.

V

MARCHÉ DE CHARPENTERIE POUR LE LAMBRIS DE L'ÉGLISE DE CLÉRY.

(24 février 1449.)

Le lundi XXIV[e] jour de fevrier (IIII[c] XLVIII, 1449 n. st.) au lieu de Cléry.

Richart Fé charpentier et maistre les euvres de charpenterie de monseigneur le Duc d'Orleans confesse avoir pris à faire, de venerables et discretes personnes les Doyen et chappitre de Notre Dame de Cléry, les euvres cy apres declairées en l'eglise de Notre Dame de Cléry; C'est assavoir lambrisser la nef de lad. eglise tout du long et du tour, bien deuement et de bois de chesne bon marchant et sec. Et séra led. lambris cloué et tringlé dessus la closture. Item faire une porte de bois, où aura ung guichet, enchassillée bien et convenablement et de son bois. Et fournira et livrera led. Richart a ses despens de toutes les matières qu'il esconvendra pour faire lesd. besoingnes, sauve la ferreure de lad. porte laquelle lesd. d'eglise seront tenuz querir. Et ce il y a aucunes fermes ou couples de chevrons qui soient trop ruyneuses lesd. de chappitre les seront tenuz faire sauve que se il ny avoit que deux ou trois pieces a remuer ou regart du fait des liens, icellui Richart les sera tenu faire ou faire faire. Et rendra icellui Richart lesd. euvres dessus declairées faictes et parfaictes bien deuement et convenablement, dedans la feste de Notre Dame de Septembre prouchaine venant, moiennant la somme de cent escuz d'or du coin du Roy notre sire aians de present cours, que lesd. de l'eglise luy en seront tenuz paier : C'est assavoir presentement quarante escuz d'or des escuz dessusd. et dont led. Richart s'est tenu a contant et bien paie pour ce qui les a receuz en presence. Et le surplus lui sera tenu paier : C'est assavoir, quand il vendra asseoir lad. besoingne : vint escuz d'or ; et au pareschevement desd. besoingnes : quarante escuz d'or, promectant led. preneur faire et complir de sa part les choses dessusd. ; Et lesd. bailleurs paier les sommes dessusd. oblig. de chacune partie, etc. Et a ce faire estoient vénérables et discretes personnes Messires Jehan Duret, Thomas de Kaveno, Bernart de Mortefons, Guillaume Vaugouin, Guillaume Martin, tous prestres et chanoines de lad. eglise assemblez deuement audit chappitre au son de la cloiche en la manière accoustumée.

En marge : Ceste presente notte a este adnullée et mise au neant du consentement dud. Richart Fé et de Messire Bernart de Mortefons et Messire Guillaume Martin chanoines de lad. eglise eulx disans procureurs et faisans fort des Doien et chappitre de lad. eglise le XXVIIe jour de novembre mil CCCCXLIX.

Registre de Pierre Chauvreux, notaire à Orléans. (Étude Gillet.)

VI

MARCHÉ POUR LA DÉCORATION DU PORTAIL NORD DE NOTRE-DAME DE CLÉRY.

(24 février 1448/9.)

Le lundi xxIIIIe jour de février (IIIIc XLVIII 1449 n. s.) au lieu de Cléry.

Maistre Pierre Chauvin, maistre des euvres de maconnerie de Monseigneur le Duc d'Orléans, a pris desdits de chappitre (1) les euvres de maconnerie qui ensuivent, ou portail où a une ymaige de Notre Dame jaune, C'est assavoir que oudit portail fault deux tabernacles l'un dessus l'autre garniz d'entrepié et de ymaiges a mettre et asseoir sur la teste du Roy qui est enlevé en pierre oudit portail et l'autre au dessoubs d'icellui. Item faire ung autre lit de cinq tabernacles au dessus du lit qui est jà tabernaclé et ymaginé et iceulx tabernacles garniz d'entrepié senz ymaiges; et fera iceulx tabernacles de la forme et facon de ceulx qui y sont de présent ou mieulx et amortira icellui lit a son appoinctement d'un espy raisonnable a icelle besoingne et fera rainer l'enchapement lequel est commancé de deux coustez dud. portail, à venir morir à sond. espy ainsi qu'il appartient touchant lad. besoingne. Item recueuldra par dedans euvre les carreaux telz qu'il esconvendra pour lad. besoingne tout a l'entour et de la haulteur dud. enchapement, ainsi qu'il appartient à arrester led. enchapement Et livrera led. Me Pierre toute pierre chaulx et sablon matière qu'il esconvendra a faire lad. besoingne au raine dud. enchapement et haulteur. Et rendra ledit maistre Pierre icelle euvre assise a ses coux et despens dedans la feste de Saint Denis prouchaine venant; Moiennant la somme de six vings deux escuz d'or du coing du Roy nostre sire aians de

(1) De Notre-Dame de Cléry, l'acte précédent contenant un marché de charpenterie avec le chapitre de Cléry.

présent cours sur quoy lesdiz de l'église ont paié et baillé presentement audit maistre Pierre vint deux escuz d'or en presence et le surplus lui seront tenuz paier a quatre paiemens en conduisant et faisant lad. besoingne par egal porcion. Et avec ce fera ledit maistre Pierre deux escuz enlevez ou champ dud. portail. C'est assavoir : l'un ou sera les trois fleurdelis et la coronne au dessus, qui serviront pour les armes du Roy notre sire, et l'autre escu où seront les armes de Monseigneur le Daulphin de Viennois. Promect. et oblig. de chacune partie, etc.

Suit cette note : Le XXIXe de juillet IIII^c XLIX [illegible]. Me Pierre Chauvin confessa avoir receu depuis desd. de l'église en plusieurs foiz cinquante trois escuz d'or sur la somme déclarée en lad. nocte ; quictant, etc.

En marge : L'an mil CCCCXLIX le XXIXe jour de juillet, Robin Franquart, macon, gendre de Me Pierre Chauvin nommé en ceste nocte, se rendit constitua et establit pleige principal de faire et parfaire les euvres declarées en icelle nocte, en la maniere dessus divisée, dedans la feste de Saint Martin diver prouchaine venant. oblig.

Registre de Pierre Chauvreux, notaire à Orléans. (Étude Gillet.) Ensuite est le commencement d'un autre acte pour Cléry, dont la fin manque, le feuillet suivant ayant été déchiré et enlevé.

VII

NOTE DU DOCTEUR V. DUCHATEAU, SUR LES OSSEMENTS TROUVÉS DANS UN DES TOMBEAUX DE LA CHAPELLE DITE DE DUNOIS DANS L'ÉGLISE DE CLÉRY.

Ce tombeau renferme deux squelettes. Il est situé immédiatement à gauche (en regardant l'autel) de celui que la commission de 1854 a exploré, et dans lequel elle déclare avoir trouvé les restes de Dunois.

Le premier squelette est celui d'un enfant. Les quelques os de la tête qu'on peut encore examiner sont complètement désarticulés. D'après un des os pariétaux et les deux os temporaux, cette tête paraît assez développée et fait supposer tout d'abord un enfant ayant dépassé la première jeunesse.

Mais le maxillaire supérieur (coté gauche) et le maxillaire inférieur tout entier nous donnent des renseignements plus précis.

Ces deux maxillaires sont ceux d'un enfant qui a déjà commencé sa seconde dentition. La première grosse molaire (la dent de sept ans) est complètement sortie aussi bien en haut qu'en bas. Il y a plus : les premières dents de lait ont déjà disparu, et les dents permanentes qui leurs succèdent commencent à se montrer. En effet, si nous considérons le maxillaire inférieur, qui est, pour le sujet qui nous occupe, l'os le mieux conservé, nous voyons les deux incisives médianes permanentes sortant des alvéoles et faisant déjà sur la mâchoire une saillie notable. Quant aux deux incisives latérales temporaires (de lait), elles aussi sont tombées, mais elles ne sont pas encore remplacées; les alvéoles sont encore vides.

La mâchoire supérieure n'est pas dans un état assez parfait de conservation pour fournir des renseignements aussi nets. On y voit très bien la première grosse molaire, mais le reste des autres alvéoles est tombé en poussière.

Or, la première grosse molaire, nous l'avons dit, se montre vers l'âge de sept ans; puis, de sept à huit ans, les incisives médianes inférieures temporaires disparaissent et sont remplacées par des dents permanentes; puis, dans le cours de l'année suivante, les incisives médianes supérieures procèdent de la même manière ; et enfin, entre l'âge de huit et dix ans, les incisives latérales de lait, aussi bien en haut qu'en bas, tombent à leur tour pour être aussi remplacées par les dents de seconde dentition.

Si donc, nous avons ici les dents de sept ans, plus les deux incisives médianes permanentes de la mâchoire inférieure, plus la place déjà vide des incisives latérales de lait, nous sommes évidemment en présence d'un enfant mort vers l'âge de neuf ans.

Les autres os sont en très mauvais état de conservation. Les os des membres sont séparés de leurs épiphyses et tombent en poussière au moindre contact. On a pu examiner les deux tibias, quelques côtes, la partie iliaque d'un os coxal et les premières vertèbres cervicales.

Tous ces os, du reste, par leur ensemble et leurs dimensions réciproques, répondent parfaitement aux données du maxillaire inférieur. Mais il a été impossible de reconstituer le squelette en entier à cause de ce manque de conservation.

Le second squelette est celui d'un adulte, la tête est en parfait état de conservation; le reste tombe très facilement en poussière et rend l'examen bien imparfait.

Cependant, quel est le sexe, ou au moins, quel est l'âge de ce sujet ?

Il est impossible de répondre nettement à la première question. Le bassin est incomplet. On a bien le sacrum et une grande partie de chaque os coxal, mais les pubis sont tombés en poussière, brisés petit à petit par l'affaissement du cercueil de plomb, et non seulement les pubis manquent, mais aussi la branche ascendante de chaque ischion, de sorte qu'il est impossible de reconstituer les trous obturateurs et la symphyse pubienne. Le sacrum, il est vrai, semble assez large et fuyant en arrière; les osiliaques, malgré leur mauvais état de conservation, paraissent déjetés en dehors comme pour élargir le bassin; de plus, tous les os qui ont pu être examinés n'ont pas ces rugosités spéciales aux hommes fortement musclés. Mais ces rugosités qui servent de point d'attache aux muscles et qui se voient très bien sur des os en bon état de conservation seraient-elles encore visibles sur ces os qui tombent en poussière, et leur absence alors permettrait-elle d'affirmer que nous n'avons pas affaire à un homme? Il est donc impossible de faire une réponse catégorique sur ce point; les renseignements font défaut.

Nous serons mieux partagés en documents pour répondre à la seconde question : l'âge du sujet.

La tête, avons-nous dit, avec sa mâchoire inférieure, est en parfait état de conservation.

Les articulations réciproques des os du crâne sont très solides, les sutures ont déjà disparu en certains endroits.

Rien de particulier, ni à la voûte ni à la base du crâne.

Les dents de sagesse manquent aux deux maxillaires. Et, quelle que soit l'inconstance de cette troisième molaire dans son éruption et dans sa chute, son absence ici ne doit pas être négligée. Pourquoi manque-t-elle? N'est-elle pas encore sortie ? Cela indiquerait un sujet relativement jeune encore, puisque, en règle générale, cette dent apparaît de dix-huit à trente ans.

Or, pour s'assurer si la dent de sagesse était encore dans l'os, nous avons fait une coupe dans le maxillaire supérieur, à la base du bord postérieur de l'os : la dent n'y était pas. La dent était donc sortie, puis tombée, et les bords alvéolaires résorbés et usés. Or, cette chute peut avoir des causes bien diverses, et l'époque de cette chute est par là même très variable.

Si donc, la chute de cette dent ne peut nous fournir de renseignement précis et utile, la sortie évidente de cette même dent nous permet déjà d'avancer que nous avons affaire à un adulte pouvant avoir trente ans et même plus.

De toutes les autres dents du maxillaire supérieur, il ne manque que la première petite molaire de chaque côté ; tout le reste est au complet.

Maintenant, voyons quels renseignements peut nous donner à son tour et pour la même question (l'âge du sujet) le maxillaire inférieur. Les dents de sagesse, manquent également, ainsi que les premières petites molaires. Il y a toutes les autres dents. Mais il reste un point très-important à considérer, c'est la forme de ce maxillaire.

La mâchoire inférieure présente, vue de profil, un angle formé par la réunion de la branche montante du maxillaire avec la branche horizontale ou corps de l'os. Or, cet angle de la mâchoire, très obtus chez le tout jeune enfant (135 degrés en moyenne), s'approche de plus en plus de l'angle droit chez l'adulte (120°, 110°), pour s'agrandir de nouveau et redevenir obtus chez le vieillard.

Ici, nous avons un angle presque droit. Il s'agit donc d'un adulte ayant atteint les dernières limites de la force de l'âge sans les avoir encore dépassées.

Du reste, cette assertion peut être confirmée par l'observation suivante : chez l'enfant, le trou mentonnier est rapproché du bord inférieur de la mâchoire ; chez le vieillard, les dents étant ordinairement tombées et les bords alvéolaires usés, le trou mentonnier paraît plus rapproché du bord supérieur du maxillaire ; chez l'adulte, surtout à l'époque de la plus grande force de cet âge, le trou mentonnier est placé juste à égale distance des deux bords de l'os. Or, tel est le cas ici ; le trou mentonnier est exactement situé à égale distance des deux bords du maxillaire ; et de plus ce maxillaire possède encore presque toutes ses dents.

Nous sommes donc, en répétant ce qui a déjà été dit tout à l'heure, mais avec plus d'assurance, en présence d'un adulte ayant atteint les limites de la force de l'âge, sans les avoir encore dépassées.

VIII

LA FONDACION QUE LES RELIGIEUX, ABBÉ ET COUVENT DE BAUGENCY ONT FAICTE POUR MONS. LE CONTE DE DUNOIS ET MADAME LA CONTESSE POUR LE GRANT PARDON QUI LEUR A FAIT AVOIR.

(21 avril 1453.)

Anno Domini millesimo CCCC^{mo} quinquagesimo tercio, die sabbati vicesima prima mensis aprilis, Nos Gauffridus humilis abbas totusque conventus ecclesie et monasterii Beate Marie de Balgenciaco, solempniter capitulantes in nostro generali capitulo propter hoc congregato, animadvertentes immensa beneficia et ingentes susceptarum graciarum actiones, que ecclesie nostre et nobis crebro et diutius erogantur a bone memorie inclitissimo domino, domino Johanne comite Dunensis et de Longuavilla, magno Francie cambellano et domino Balgenciaci, necnon illustrissima comitissa, domina Maria de Haricuria, ejusdem comitis conthorali, sancte religionis zelatoribus. Et inter cetera precipue considerantes prefatum dominum comitem pie cernentem ecclesiam nostram occasione guerrarum, proh dolor ! ita delapsam, ut nisi celeriter opportunum apponeretur remedium, in brevi omnimodo subjicienda foret ruine, nobis super hoc providere nitens valentibus suis interventionibus et eximiis laboribus, quos sua felicitas (?) novissimè assumpserat in peragenda unione orthodoxe matris ecclesie, et in condignorum meritorum suorum compensatione pro eadem ecclesia nostra, apud almam sedem apostolicam impetrasse et obtinuisse unam plenariam omnium delictorum et peccatorum indulgenciam, singulis annis usque ad decennium, dominica infra octabas Ascensionis dominice, omnibus Christicolis, utriusque sexus, eamdem ecclesiam nostram visitantibus, et pro ejus reparatione juxta eorum devocionem de bonis a Deo sibi collatis peringentibus (?), prout latius bulla patet apostolica super hiis confecta, proventibus cujus ecclesiastice indulgencie eadem ecclesia nostra, ut recenter est prorsus relevata. Hinc est quod nos hec et multa alia benefacta nobis collata animis nostris revolventes, ingratitudinem abhorrentes, quod valemus et tenemur rependere satagentes, concordi assensu, pura devocione, sinceri affectu, matura deliberatione, statuimus et ordinamus, ad perpetuam rei memoriam, unum solempne anniversarium, quolibet anno, die martis post Ascensionem Domini perpetuo celebraturos, pro animabus omnium nobilium parentum defunctorum et eorumdem illustrissimorum quandiu, favente Domino, iidem illustrissimi advixerint in humanis, et post eorum decessus pro animarum suarum salute, apud Dominum fundere statuentes, ipsos et totam prolem eorum generosam associantes in omnibus missis, oracionibus, jejuniis, vigiliis, elemosinis, suffragiis et omnibus quibuscunque pietatis operibus et benefactis in perpetuum, annuente Altissimo, per nos et posteros nostros, in eadem ecclesia nostra et omnibus membris ejus, agendis et celebrandis. Datum et actum in nostro generali capitulo anno et die prelibatis.

Archives départementales du Loiret, Châtellenie de Beaugency (A, 63, fol. 42 et 43). Cette copie, du XVe siècle, est très-défectueuse; nous avons restitué un certain nombre de mots qui n'étaient pas douteux et fait suivre quelques autres d'un point d'interrogation.

IX

FONDATION D'AGNÈS DE SAVOIE

(28 septembre 1505.)

A tous ceux qui ces presentes lettres verront Thomas Cardon licentie en loys et garde de par le Roy notre sire de la prevosté de Melun et Jehan d'Essoye conseiller et procureur du Roy nostre sire au baillage de Melun, garde du scel aux contracts de la prevosté dudit lieu. Scavoir faisons que pardevant Blaise Beron clerc tabellion juré et estably de par le Roy nostre seigneur du tabellionnage d'icelle prevosté fut présente en sa personne très haute et puissante dame Madame Agnès de Savoye, comtesse de Dunois, vicomtesse de Melun, dame de Baugency et de Chateaurenault, disant et affirmant par verité comme des le onsiesme jour d'aoust 1505 dernier passé, pour satisfaire et parfaire le désir et dévotion qu'elle a eu à la fondation et dotation d'une messe par elle fondée en une des chapelles de Nostre Dame de Cléry appellée la chapelle de Dunois, en laquelle sont inhumés de bonne mémoire monseigneur le Comte Jehan dudit Dunois, père de feu monseigneur son mary et époux Francois d'Orléans Comte dudit Dunois; et où elle a intention soy faire semblablement inhumer; et dont ledit jour ont été faites et passées lettres d'icelle fondation, sous les sceaux de ladite dame et des vénérables et scientifiques personnes Messieurs les Doyen, chanoines et chapitre de ladite église, comme plus a plein peut apparoir par icelles ; lad. dame voulant en tout et par tout parfaire et accomplir le contenu esdites lettres, sachant qu'elles avoient été faites a sa grande prière et requeste pour seureté et satisfaire au contenu d'icelles, a reconnu et confessé, présent ledit juré et des temoins cy dessous nommés, que à elle et non autre appartient la somme de deux cens livres de rente annuelle et perpetuelle quelle avoit racheptée de ses deniers, et que feu Mre Jacques de Thou en son vivant advocat en Parlement avoit droit de prendre et percevoir sur la terre Seigneurie et Baronie de la Brosse et ses appartenances scituées au Conté de Chartres, icelles deux cens livres de rentes a cédées et transportées auxdits vénérables Doyen et chapitre ; et les en a fait et fait par les présentes vrays seigneurs propriétaires et possesseurs sous les modifications et conditions contenues esdites lettres du 11e jour d'aoust audit en 1505, pour par eux en jouir comme de leur chose jusqu'à ce que, suivant qu'il est contenu en icelles lettres, elle ou ses héritiers ayant payé auxdits vénérables Doyen et chapitre de N.-D. de Cléry, et dedans le temps prefixé et declaré esdites lettres, la somme de deux mil livres contenues en icelles, le tout en suivant les commission, obligation et convenances, que lesdits venerables Doyen et chapitre seront tenus prendre et recevoir par chacun an la somme de 100 l. contenue esdites lettres, le cours de la vie de ladite dame, au jour et terme contenu es lettres de ladite fondation et sans aucune diminution desdites deux mil livres. Et, au cas que ladite dame, durant le cours de sa vie, n'eut payé lesdites deux mil livres et ses héritiers après son décès, en ce cas icelle dame par ces présentes, de son bon gré, bonne, pure, franche et libérable volonté recognut avoir cédé et transporté et delaissé dès maintenant a toujoursmais, et promis garentir delivrer et deffendre envers et contre tous, de tous troubles débats et empeschements quelconques, toutes et quantefois que mestier sera, lesdites 2000 l. ausdits vénérables Doyen et chapitre de N.-D. de Cléry pour en jouir par eux et leurs successeurs à toujours et en faire et disposer comme de leurs choses, néantmoins seront tenus lesdits héritiers, si ladite dame n'avoit payé lesdites 2000 l. le cours de sa vie, payer ce qui restera des arrérages des 100 l. et si lesdits héritiers dans le temps d'un an ne fournissent lesdites 2000 l., ils seront tenus paier lesdits arrérages jusqu'a l'an révolu de sondit décès que lesdits vénérables commencent a percevoir lesdites 2000 l. et pour accepter la seureté de lad. fondation et les dépendances et circonstances d'icelles, les vénérables doyen et chapitre ont fait et constitué leur procureur général et spécial vénérable et discrète personne maitre Thibault de Marcheville présent et l'un de leurs confrères et chanoine. Fait en présence de Me Jean de Baudrent ecuier sr de la Motte et Maitre d'Hôtel de madite dame, Jaques Duplessis aussi escuier ; et André Huet, le jeudy 28e jour de septembre l'an 1505 ; ainsi signé : Charles Perolat.

Scellées du scel aux contrats de ladite Prevosté.

Sur une copie de Polluche et sur l'un des manuscrits de la Bibliothèque d'Orléans. (Prompt. XIV.)

X

PROCURATION POUR OBTENIR LE PAIEMENT DES SERVICES DE FRANÇOIS DE LONGUEVILLE ET D'AGNÈS DE SAVOIE.

(31 octobre 1516.)

Le vendredi derrenier jour d'octobre l'an mil vc et seize.

Messieurs les Doien, etc., ont constitué comme procureur maistre Jehan de Courcy pour recevoir de la vefve feu maistre Jehan Prumié (?), en son vivant receveur général de France et trésorier général de feu Monsieur de Longueville, que Dieu absolve, la somme de trois cens soixante-deux l. dix s. t., deubz ausdits de chappitre constituantz, à cause des services de haulte et puissante personne Monsr Francois, duc de Longueville, et de feue madame Agnès sa mère et la somme de neuf cens soixante deux livres dix s. t. qui est contenue en lestat dudit deffunt son mary ; et aussy, comme mandé luy estoit par lettres missives de feu Monsʳ Loys de Longueville derrenier déceddé ; semblablement, de recevoir de hault et puissant prince Monsʳ le Duc de Vendosme la somme de IIIIᶜ XXX l. tz. deue ausdits constituants pour les causes dessusdites par ledit Monseigneur le duc de Vendosme, comme aiant la garde mobillière de Monsʳ son filz ; semblablement, de recevoir de honnorable homme et saige Maistre Jehan de Poncher, notaire et secrétaire du Roy notre sire, la somme de cent livres tournois deues ausdits constituantz pour les arréraiges de deux années, escheues à la feste de Saint Michel derrenière passée, à cause de certains héritages qui furent et appartindrent à feu Guillaume Belin ; desquels héritages ledit de Poncher est de présent détenteur ; présens pour tesmoings maistres Jehan Portier et Guillaume de Lagarde, prebstres.

Registre des minutes de Jehan Couldroy, notaire à Cléry.

XI

COMPTE POUR LES OBSÈQUES DE LOUIS Iᵉʳ D'ORLÉANS, DUC DE LONGUEVILLE.

(1516.)

Parties deues à Marin Léritier, tailleur de feu M. le duc de Longueville, pour l'obsèque de feu mondits. en façons par moy faictes, cy après déclarées :

Pour la façon d'une robe de drap d'or et une couverture pour mectre sur le lict de parement de feu mondit s. pour ce . . . . XXII s. VI d.

Pour ung poisle noir et pour une grande croix blanche de satin doublé de bougran, pour façon, quarante solz, pour ce. XL s. t.

Plus pour le drap mortuaire, de drap d'or, avesques une

croix de toille d'argent, pour façon, quarante cinq solz t. pour ce. . . . . xlv s. t.

Plus pour avoir faict, à seize chevaulx, à chacun une housse de velours noir avec une croix blanche, de damas blanc, qui est, pour façon à chacun desd. chevaulx, quarante solz pièce, qui est en somme trente deux livres, pour ce. . . . . . xxxii l. t.

Pour cinq grans manteaulx et cinq chaperons à longue cornete, pour dueil, manteau, chaperon, pour façon de chacun, quarante solz t. qui est en somme dix livres, pour ce. . . . . x l. t.

Plus pour huit pages, à chacun d'eulx fait robe et saye de drap noir, ensemble chaperon, qui est, pour pièce, à chacun dix solz t. montent en somme quatre livres, pour ce. iiii l. t.

Plus pour quatre pages, fait à chacun une robe de velours noir, qui est, pour façon de chacune dix solz, vallent quarante solz t. pour ce. xl s. t.

Plus pour deux laquays, pour façon de pourpoint à chacun d'eulx, fourny de futaine et toille, vingt solz pièce, vallent quarante solz t. pour ce. . . . . xl s. t.

Bulletins de la Société dunoise (n° 65, juillet 1885).

TABLE DES CHAPITRES

PLANCHES.

www.ingramcontent.com/pod-product-compliance
Ingram Content Group UK Ltd.
Pitfield, Milton Keynes, MK11 3LW, UK
UKHW021207220726
13924UKWH00003B/1371

9 782019 214784